世界名人非常之路

尼　采

西方现代哲学的开创者

苗　婕◎编著

中国社会出版社
国家一级出版社 · 全国百佳图书出版单位

“世界名人非常之路”编委会

写在前面的话

著名学者培根说："用伟大人物的事迹激励我们每个人，远胜于一切教育。"

的确，崇拜伟人、模仿英雄是每个人的天性，人们天生就是伟人的追星族。我们每个人在追星的过程中，带着崇敬与激情沿着伟人的成长轨迹，陶冶心灵，胸中便会油然升腾起一股发自心底的潜力，一股奋起追求的冲动，去寻找人生的标杆。那种潜移默化的无形力量，会激励我们向往崇高的人生境界，获得人生的成功。

浩浩历史千百载，滚滚红尘万古名。在我们人类历史发展的进程中，涌现出了许多可歌可泣、光芒万丈的人间精英。他们用挥毫的笔、超人的智慧、卓越的才能书写着世界历史，描绘着美好的未来，不断创造着人类历史的崭新篇章，不断推动着人类文明的进步和发展，为我们留下了许多宝贵的精神财富和物质财富。

这些伟大的人物，是人间的英杰，是我们人类的骄傲和自豪。我们不能忘记他们在那历史巅峰发出的洪亮的声音，应该让他们永垂青史，英名长存，永远纪念他们的丰功伟绩，永远作为我们的楷模，以使我们未来的时代拥有更多的出类拔萃者，以便开创和编织更加绚丽多姿的人间美景。

我们在追寻伟人的成长历程中会发现，虽然每一位人物的成长背景各不相同，但他们在一生中所表现出的辛勤奋斗和顽强拼搏精神，则是殊途同归的。这正如爱默生所说："伟大人物最明显的标志，就是他们拥有坚强的意志，不管环境怎样变化，他们的初衷与希望永远不会有丝毫的改变，他们永远会克服一切障碍，达到他们期望的目的。"同时，爱默生又说："所有伟大人物都是从艰苦中脱颖而出的。"

伟大人物的成长也具有其平凡性，关键是他们在做好思想准备进行人生不懈追求的过程中，从日常司空见惯的普通小事上，迸发出了生命的火花，化渺小为伟大，化平凡为神奇，获得灵感和启发，从而获得伟大的精神力量，去争取伟大成功的。这恰恰是我们每个人都要学习的地方。

正如学者吉田兼好所说：“天下所有的伟大人物，起初都很幼稚而有严重的缺点，但他们遵守规则，重视规律，不自以为是，因此才成为一代名家，成为人们崇敬的偶像。”

为此，我们特别推出“世界名人非常之路”丛书，精选荟萃了古今中外各行各业具有代表性的名人，其中包括政治领袖、将帅英雄、思想大家、科学巨子、文坛泰斗、艺术巨匠、体坛健儿、企业精英、探险英雄、平凡伟人等，主要以他们的成长历程和人生发展为线索，尽量避免冗长的说教性叙述，而采用日常生活中富于启发性的小故事来传达他们成功的道理，尤其着重表现他们所处时代的生活特征和他们建功立业的艰难过程，以便使读者产生思想共鸣和受到启迪。

为了让读者很好地把握和学习这些名人，我们还增设了人物简介、经典故事、年谱和名言等相关内容，使本套丛书更具可读性、指向性和知识性。

为了更加形象地表现名人的发展历程，我们还根据人物的成长线索，适当配图，使之图文并茂，形式新颖，设计精美，非常适合读者阅读和收藏。

我们在编撰本套丛书时，为了体现内容的系统性和资料的翔实性，参考和借鉴了国内外的大量资料和许多版本，在此向所有辛勤付出的人们表示衷心谢意。但仍难免出现挂一漏万或错误疏忽，恳请读者批评指正，以利于我们修正。我们相信广大读者通过阅读这些世界名人的成长与成功故事，领略他们的人生追求与思想力量，一定会受到多方面的启迪和教益，进而更好地把握自我成长的关键，直至开创自己的成功人生！

尼采

人物简介

名人简介

弗里德里希·威廉·尼采（Friedrich Wilhelm Nietzsche，1844～1900），德国著名哲学家、西方现代哲学的开创者，同时也是卓越的诗人和散文家。他最早开始批判西方现代社会，然而他的学说在他的时代却没有引起人们的重视，直至20世纪，才激起深远的调门各异的回声。后来的生命哲学，存在主义，弗洛伊德主义，后现代主义，都以各自的形式回应尼采的哲学思想。

尼采1844年出生于普鲁士萨克森州洛肯村的一个乡村牧师家庭。在尼采4岁那年，他的父亲和弟弟接连离世，这令幼年的尼采深切地感受到了生命的无常，于是他开始变得孤僻而又敏感。

少年求学时期，尼采的思维便得到了相当的发展，并且有着惊人的进步。在大学时期，他开始不再满足于科学世界的清晰与冷静，而是对精通和弘扬本国、本民族文化的重要性有了深刻的体会，并且开始进行哲学沉思。

24岁时，在导师里奇尔的推荐下，尼采出任了瑞士巴塞尔大学古典语言学教授。后来由于健康问题辞职，之后他一直都饱受着精神疾病的煎熬。

1900年8月25日，这位生不逢时的思想大师在魏玛与世长辞。

成就与贡献

尼采一生中的主要作品有《悲剧的诞生》《人性的，太人性的》和《查拉图斯特拉如是说》等。在这些哲学著作中，尼采对自己哲学的主题——生命的意义问题的解答都被全面地展现了出来，他那“靠艺

术来拯救人生，赋予生命以一种审美的意义”的哲学思想，也在这些作品中有着很好的体现。

尼采思想是现代思想的一座巍然耸立的里程碑。在尼采去世后的一个世纪中，他的思想深深地影响了如雅斯贝尔斯、海德格尔、里尔克、赫塞、托玛斯·曼、斯蒂芬·乔治、萧伯纳、纪德、萨特和马尔卢这些著名的思想家；他的著作不仅在德、法语区域闻名遐迩，而且还流传于遥远的北美洲、南美洲、亚洲、大洋洲和非洲。

地位与影响

在西方哲学发展史上，尼采是最不能被忽略的人物，也是最富有争议的人物之一。由于观点和立场不同，人们对他毁誉不一。除此之外，由于尼采的思想采取了独特、强劲、充满隐喻和矛盾，甚至是“疯癫”的独白形式，还常常会遭到人们的误解。

以致有人说过：“尼采的生平和著作是近代文学史和思想史上受到最严重曲解的现象。”

尼采是西方现代哲学的开创者，他最早开始对西方现代社会进行了批判，但是在他所处的那个时代，他的学说却并没有引起人们的重视，直至20世纪，才激起了广泛而又复杂的回声。

尼采的著作对后世的影响无疑是巨大的。他的思想具有一种无比强大的冲击力，它颠覆了西方的基督教道德思想和传统的价值，揭示了在上帝死后人类所必须面临的精神危机。

雅斯贝尔斯说尼采和克尔凯郭尔给西方哲学带来战栗，而此战栗的最后意义尚未被估价出来。20世纪初的整整一代思想家和艺术家都在尼采的著作中找到了那些激发了他们富于创造性的作品的观念和意象。

雅斯贝尔斯、萨特、海德格尔、福柯和德里达等，都是深受尼采思想影响的哲学家，而直接受他影响的文学家同样数不胜数：杰克·伦敦、茨威格、托马斯·曼、萧伯纳、黑塞、里尔克、纪德还有我们熟悉的鲁迅。

目录　尼采

感受复杂的人生

投身社会实践

选择哲学的道路

奠定现代西方哲学

最终的孤寂与离世

附　录

感受复杂的人生

一切作品中，我只爱以自己的心血写成者。用心血和格言写成的东西，并非要让人们大声地赞颂，而是让人们默念于心，细细品味。

——尼采

幼年失去慈父之爱

1844年10月15日，德国普鲁士萨克森州洛肯村的街头，牧师卡尔·路德维希·尼采正走在回家的路上。

卡尔出身于一个牧师世家，这个宗教世家的家庭成员都是虔诚的路德教派成员。和他的父亲、祖父以及他妻子的父亲、祖父一样，卡尔也义无反顾地走上了牧师这一职业道路。他相信："在这条道路上，上帝能够给予其信徒启示，君主会为其臣民指引。"

上司们对卡尔赞许有加，普鲁士国王弗里德里希·威廉四世给予他王权上的庇护。如果不是因为头痛症和神经质，卡尔应该会有一个锦绣的前程，但是由于病痛的折磨，他不得不长时间地休息，从而耽误了自己的晋升。

卡尔申请去负责一个乡村教区，因此他被任命去了洛肯。洛肯是一个位于普鲁士萨克森州辽阔平原上的贫穷乡村，这里地势荒凉，村里都是些低矮的小房子，但是卡尔对这种孤独幽暗还算满意，因为这很适合休养。

这一年是卡尔婚后的第四年，卡尔年轻的妻子生下了他们的第一个孩子，初为人父的卡尔十分愉悦，更由于孩子出生的日子10月15日恰巧与国王生日是同一天。

这种巧合令卡尔更加高兴，他在教区的登记簿上记录下了自己初为人父的喜悦："哦，10月，受到祝福的10月，在过去的日子里，我沉浸在你带给我的无尽欢乐当中，但是在你带来的所有欢乐中，最深沉最重要的莫过于我为我的长子洗礼……我的儿子，我给予你弗里德里希·威廉的名字，并以此来纪念和你同日诞生的我们高贵的恩主。”

在小威廉之后，卡尔的妻子还生了第二个儿子约瑟夫，再几年之后，小威廉又有了一个妹妹伊丽莎白。

此时，小威廉过着幸福快乐的日子。但是，小威廉学说话很慢，直至两岁半的时候才说出了第一句话。他是个沉默的孩子，总是用严肃的目光安静地注视着周围的一切。

小威廉的这些特点并没有影响到父亲对他的疼爱，卡尔深爱着这个沉默安静的儿子，每当出去散步时，他总要把小威廉带在身边。

虽然那时的威廉年纪还很小，但在他的记忆中，父亲牵着他的手散步的情景总是清晰而又深刻，他和父亲走在村外广阔的平原上。平原上有很多的小池塘，钟声从远处飘来，在平原上回荡，此时，小威廉总是紧紧地握着父亲那双强有力的大手，这让他感觉到了温暖。

1848 年 8 月，卡尔从自家门口的石阶顶上重重地摔了下去，他的头部猛烈地撞到了其中一级石阶的边缘上。头部严重的撞击加剧了他的头痛症和神经质的毛病，卡尔完全失去了理智，而神志不清和体力衰竭的并发症终于在一年之后夺去了他的生命。

父亲去世时，威廉只有 4 岁，在这段时间中，他经历了父亲的生病和去世，而这其中发生的各种事件：不管是深夜中突然响起的报警声、房子里传来的哭泣声，还是密室里的恐怖、死样的寂静、尽情宣泄的悲伤，甚至是教堂的丧钟声、赞美诗以及葬礼上的布道、深深埋在教堂石板底下的灵柩，都

在他心灵里留下了深刻的印象。

在这年春天，母亲带着全家人离开了洛肯，移居到萨勒河畔瑙姆堡附近的小镇上，因为亲戚们就住在相邻的乡间，在这里可以和他们离得近一些，互相有个照应。

没过多久，威廉的奶奶和姑姑也搬过来跟他们一起住在一幢小房子里，亲戚们的到来使还处在悲痛当中的孩子们渐渐从悲伤中走了出来，并且习惯了一大家人的生活。

瑙姆堡的统治阶级由官僚和牧师组成，他们受到王室的眷顾，因此虔诚地效忠于他们的王朝。这些资产阶级上流社会的成员都住在高大的城墙内，一到夜晚城门就紧紧关闭。统治阶级和整个瑙姆堡居民的生活都是刻板严谨、井井有条的。

都市教堂里的钟声洪亮辽远，响彻整个小镇，控制着居民的生活作息，它或将人们从睡梦中叫醒或者催促人们入眠，甚至还可以召集人们去参加国家和宗教的节日典礼。

威廉作为居民中的一员，他的生活同所有人一样，虽然他还只是一个孩子，但他的生活也是刻板严谨、井井有条的，他生命中的特质与瑙姆堡十分契合，这让他很快便适应了这里的生活节奏，同时孩子天性中的好奇也让威廉不断发现新生活的美好。

这里有雄壮的阅兵仪式，还有风琴伴奏和合唱的宗教典礼，盛大的周年庆典，这让从小村庄来的威廉赞叹不已。

最打动威廉的便是每年一度的圣诞节的来临。相较之下，他自己的生日虽然不能像圣诞节那样深深地打动他，但仍然能给他带来巨大的快乐，因为他和国王同一天生日，每到那一天的早上，军乐声总是能将他从睡梦中唤醒。

威廉也把这个仪式看作是庆祝自己生日的集会，因此整个仪式中的各个活动也便是他的生日礼物。庆祝仪式很短，一结束，他们一家就会一块儿去教堂。威廉把牧师献给国王的布道词中最好的句子挑出来献给他自己，作为给自己的生日礼物。

随后，威廉和他的同学们聚集在学校来庆祝这个重大的日子，这是他一天中最快乐的时光。

在威廉的心中，父亲的印象依然深刻，他将父亲的形象牢牢地记在了心中，并且把父亲当作了自己前进的榜样，很小他就立下了志向，希望自己能够像父亲及家族中的其他叔叔一样，成为一名牧师，传达上帝的信息。

小威廉身上显示出了严谨的作风，他做事高度严格、一丝不苟，即使只是受到了些许的责备，他的自尊心都会受到强烈的打击。

小威廉喜欢自己一个人做事，从不接受别人的帮助，当他焦虑不安时，他会将自己隐藏起来，躲避在某个偏僻的角落内审查自己的行为，这个时候的他不会再跟妹妹一块儿玩耍，直至他通过深思熟虑之后，对自己的行为作出了明确的对错的判断。

有一天，正下着倾盆大雨，威廉却像平常一样从学校迈着缓慢的步伐回到了家中，母亲看到他虽然没有带雨伞或斗篷，却丝毫没有慌乱的样子，因此便将他叫住了，威廉不慌不忙地稳步走到了她的面前，母亲问他为什么下大雨还不赶快回家，威廉答道："老师总是教导我们，不要在街道上随便奔跑。"

威廉的伙伴们因此给他取了个"小牧师"的外号，因此每当他大声地给同学们朗读《圣经》里的某一章节时，同学们就会安静下来，带着敬意去倾听。

威廉经常告诉妹妹："只有当一个人成为自己的主人的时候，他才能成为世界的主人。"他骨子里有着天生的骄傲，并且深信尼采家族拥有非常高贵的血统。

年迈的祖母总是热衷于给威廉讲述家族的传奇历史，这让威廉和妹妹伊丽莎白对家族的过去充满幻想：

"家族的远祖住在波兰，名叫尼兹克，他拥有伯爵的封号。在宗教改革运动时期，先人们反抗宗教迫害，并与天主教会断绝了关系，从此之后，他们就开始了悲惨的流浪生活，在整整 3 年的时间中，他们无家可归，只能从一个村落被驱逐到另一个村落。

“在流亡前夕，他们的儿子出生了，先人们只能带着这个新生儿一块儿踏上了流浪的旅程，在流浪的过程中，虽然这个孩子经历了各种各样的磨难，但是由于母亲全心全意、始终不渝的看护，这个孩子终于奇迹般的长大了，并拥有健康的身体。这个孩子成为了家族的传承人，他活了一大把年纪，最终将自己的强健和长寿传给了自己的后代，令这个家族最终欣欣向荣起来。”

虽然这个传奇已经听过很多次了，但是威廉从来都没有感到过厌倦，他还经常主动要求别人给他讲述波兰民族的历史。别人告诉他：“当年贵族们聚集在辽阔的平原中央选举国王，这是一个平等的选举，因为即使是那些地位最低下的人也有权利按照自己的意志投上一票。”

威廉为他听到的这一切而感动，他十分羡慕当时的生活。这些故事让他深深地相信，这个民族是世界上最伟大的种族。威廉总是向妹妹宣称：“一个尼兹克伯爵绝不会撒谎。”

童年的这些故事深深地刻在了威廉的心里，他做事和他的祖先毫无分别。但每当他在家里时，他总是被家中那几个相依为命的妇人抱入怀中，百般爱抚。

扩大兴趣爱好写作

1853年，威廉9岁了，这时，他的兴趣便扩大了。教堂里听到的汉德尔的合唱曲音乐向他打开了另一扇通往音乐世界的窗户，他开始学习弹奏钢琴，他的进步很快，不久就能娴熟地弹奏，并且可以即兴演奏，他甚至可以和着《圣经》的朗诵来进行伴奏。

威廉这些过人的能力反而让母亲感到不安。她想起了丈夫的命运，他和威廉一样喜欢弹奏钢琴，在洛肯时他也常常即兴演奏。

此时，威廉开始尝试去创作优美的旋律，他谱写了狂想曲及许多玛祖卡舞曲；同时他也写作诗歌，每当纪念日来临时，他便将他的配乐诗作献给自己的祖母、母亲、姑姑和妹妹。

威廉还起草了包括各种原则和建议的说教性的论文，并将这些作品分发给伙伴们看。

1854年，塞瓦斯托波尔被法国人围困，威廉在被困期间研究了弹道学和设防地的防御。塞瓦斯托波尔被占领以后，威廉难过地哭了。

在被围困期间，威廉还和两个朋友共同创办了一个艺术剧院，剧院里上演着古代戏剧和早期文明剧，他自己还为剧院创作了《奥林匹斯山诸神》和《奥卡达尔》两个剧目。

小学毕业后，威廉去瑙姆堡上了中学。一进中学，由于威廉具有超乎常人的智商，中学老师们便向他的母亲提议，让她把她聪明的孩子送到质量更高的学校去学习。

母亲在这个问题上犹豫不决，她更愿意让孩子离自己近一点儿，因此她拒绝了老师们的建议。

1858 年，威廉在布莱的乡间度假。那里绿树成荫、群山起伏，而村庄坐落在萨勒河畔。萨勒河缓缓流淌，河水清澈，每天早上，威廉都要到清澈的河里去洗澡。此时，威廉和他的外公外婆以及他的妹妹伊丽莎白住在一起，他对这种充实丰富的生活感到十分满意。

威廉也知道，自己渐渐地长大了，很快便要离开自己的亲人到外面去独自闯荡，也许他就要住在另外的地方，去结交新的朋友了。面对未知的人生道路，他有些许的焦虑。

威廉总是回忆自己整个漫长的童年。在那渐渐远去的 14 个年头里，有父亲的慈爱及家人去世的悲伤，也有对家族传奇的骄傲和深深的向往，还有对音乐和诗歌的卓绝的发现。这些情景常常让他心中激动不已。

威廉沉醉于自己所经历的丰富人生当中，他拿出钢笔，在 12 天的时间中写出了一部自己的童年史。在写作的过程中，巨大的喜悦充满了心间，这让他丝毫不感到疲倦。

位于萨勒河畔距离瑙姆堡 5000 米远，是一所历史悠久的学校——普尔塔学校，长久以来，威廉就被普尔塔深深吸引，渴望能够获得去普尔塔学习的机会。

早在 12 世纪的时候，西多教团僧侣从拉丁西部来到了这片斯拉夫人聚居的土地，他们获得了河岸两边土地的所有权，并开始在土地上修建房子和教堂，在四周筑起了高高的围墙。

僧侣们很快就被萨克森君王驱逐出境，路德派教的信徒们定居在他们修建的教堂和房子里，信徒们保留了僧侣们创办的学校。

1540 年，学校的管理者在学校的教育指导中写下了这样一段话："要培养孩子们，让他们适应去过宗教生活。"

在这所学校中，学生们必须住校，同老师们待在一起。学校一直坚持禁止任何带有安闲逸乐行为方式的规章制度。学校中还有一套明确的等级制度：每个老师指导 20 名学生，最大的学生要照管最小的学生。学校开设了宗教、希伯来文、希腊文和拉丁文的课程。

在这所修道院式的学校里，新教的伦理和德意志民族所特有的一丝不苟、人道主义精神水乳交融，形成学校里一种独特的生活方式和精神风格。

这里培养出了许多非凡卓绝的人物：诺瓦利斯、施莱格尔兄弟，以及兼哲学家、教育家为一身，被学校引以为荣的费希特。

1858 年 10 月，威廉的愿望终于实现了，他被授予了一份奖学金，从此离开家进入了普尔塔学校。

在第一学年，有一次，威廉和同学们在一起说起穆奇乌斯的故事。他们认为“没有一个人会有勇气把手放进火里”，因此不相信这个故事是真实的。

面对同学们的言论，威廉不屑于争辩，他只是伸手从炉中抓出一块燃烧的煤，把它放在了自己的手掌里。最后的结果便是，这个烧灼的疤痕跟随了他终生。为了让这块荣耀的疤痕历久弥新，威廉甚至让熔化的蜡流过伤疤，来使疤痕变得更加显眼。

除了这次“英雄壮举”，威廉很少把时间花在玩乐之上，同时，他特立独行，不轻易和学校里的陌生人接触。

从记事不久，威廉就是整个家庭中唯一的男性，因此他身上具有在女性环境中形成的温柔气质，这种气质让他很难适应普尔塔的清规戒律。每个星期天下午，他的母亲、妹妹和他在瑙姆堡的两个朋友都会到校门口接他，这时他才会外出，与家人和朋友们在学校附近的小酒馆里消磨掉剩下的时光。

1859 年 7 月，威廉获得普尔塔学校提供给学生最长的一个月假期。在这难得的自由时间中，他重访了自己的出生地，还到耶拿和魏玛匆匆旅行了一趟。

在学校里，功课剥夺了他大量的时间，使他没办法发挥自己写作的才能，现在写作的灵感和乐趣又重新在他身上得以展现了，于是他把自己旅行的夏日印象写成了一篇略带悲怀的抒情散文：

太阳已经下山之后，我们离开了暗黑的围场。此时，我们背后的天空沐浴在金色的霞光里，而在我们头顶的上空，云彩闪耀着玫瑰色的光芒。夜晚的和风轻轻吹拂着，静静的城市在我们眼前。

呵，呼吸一下这夏夜里美丽的气息吧，这花香，还有这绯红的晚霞！难道你没有感觉到你的思潮正在翻越飞升吗？它就像纵情欢唱的云雀，栖息在金光璀璨的云端。看看这夜晚中的胜景！我自己的人生展现在自己的面前。

我自己的命运如此安排：暗黑的阴影里一部分被封锁其中，其余的则飞升于自由的空中！就在那一刻，路旁的疯人院内传出了一声尖锐的叫喊，将我们的耳朵都撕裂了。我们感到好像有某个恶魔正在扇动着邪恶的翅膀触及我们的皮肤，因此我们把手握得更紧。滚开，你这邪恶的势力！即使是在如此美丽的世界里，依然还存在着痛苦的灵魂！

8 月初，威廉短暂的假期结束了，他重新回到普尔塔，他开始连续记载详细的日记，日记中记叙了他无法接受学校对学生粗暴约束的心情，还有他对自身的反省。

每当威廉内心的情感澎湃激涌时，他便放弃写散文，在他看来，只有音乐才能够宣泄自己内心的忧郁，而散文却不具备这样的功能，因此在灵感的驱使下他便写一些韵文、四行诗或是六行诗。他从不主动寻求这种充满诗情的时刻，总是等到它出现时才去跟随它，一旦发现诗情减弱，他就会选择散文来替代，用莎士比亚戏剧对白一般的语句来表达自己的情感。

普尔塔并不总是充满了刻板的条约，学校有时也会拥有片刻的快乐，学生们可以外出散步、合唱、洗澡。

每当天气过于炎热时，学生们都会走出书斋，大部分的时间在水中度过，学校里 200 多个学生齐声唱着歌，踏着拍子来到河边站好队，然后跳入水中，学生们经常顺流而下，兴高采烈地游着，直至游得筋疲力尽。

当老师的口哨声传来时，孩子们便爬上岸，一只尾随其后的渡船给孩子们送来校服，这些孩子穿好校服，又唱着歌，秩序井然地回到学校，继续各自的功课。

威廉很喜欢参加这种愉快的活动，他在日记中写道："这实在是棒极了。"

8 月底，威廉的日记开始中断，等他又重新开始记日记的时候，他的这本日记已经快要结束了。他写道：

> 此时此刻，强烈的求知欲抓住了我，让我对知识、对世界文明燃起了无尽的渴望。这种冲动源自洪堡的书，我刚刚在读。我希望这种对知识的渴求能够像我对诗歌的热爱那样持久不衰。

进入新学期，威廉着手制订了庞大的学习计划。他计划把地质学、植物学、天文学与拉丁语读物、希伯来文、军事科学以及各种技能的学习结合在一块儿。他说："首先的研究对象是宗教，因为它是所有知识的基础。知识的领域无比巨大，而对真理的追求则永无止境。"

在孜孜不倦的研读过程中，时光转瞬而逝，威廉的第二个假期来临了，短暂的假期后是第三次返校。

此时秋天来临，普尔塔校园里巨大的橡树褪去了绿装。威廉已经 17 岁了，他感到自己内心凄凉。

在过去很长的一段时间里，他强迫自己对生活采取顺从的态度，这让他感到万分痛苦，而此时的他已经阅读了席勒、荷尔德林、拜伦的作品，他梦想着古希腊的神祇，尤其是那个阴沉的法力无边的魔术师曼弗雷德。

威廉深入思考了几行浪漫主义诗人的句子：

痛苦就是知识，
只有最深地体味了痛苦的人，
才能透悟致命的真理，
知识之树并不等同于生命之树。

威廉强烈渴望着能从日常课程和功课中解脱出来，这些几乎占据了他所有的时间，他常常独自聆听那发自灵魂的独白，并以此为基础，理解自己大脑里那些幻想。

威廉向母亲和妹妹吐露了自己的想法，宣布他将改变原来对人生的规划，他不再想做教授，因为一想到大学他就厌烦，他想做音乐家。

没过多久，威廉喜爱的一个老师逝世了，这悲惨的事情彻底结束了他内心混乱的状态。他开始与人隔绝，终日沉浸在冥想之中。

威廉接连不断地书写，记录下了自己内心所有不安的阴影。他考察了庞大的浪漫主义体系和冰冷无情的科学体系。他沉浸在自己广阔的阅读视野中。

童年时代养成的虔诚的生活方式仍然深深刻在威廉的灵魂里，虽然他常常对宗教提出大胆的否定论断，但没过多久他又会谴责自己刚才的罪恶，他极力维持着自身的宗教信仰，但宗教信仰正在他身上逐渐减弱。

威廉处在矛盾之中，他清楚，如果弃绝了宗教就意味着失掉了安全感，担心自己找不到新的信仰来取而代之。威廉承受了巨大的压力，不停地在辗转思量：

> 解决这个事业不仅仅是几个星期的事情，而是关乎终生。想要一劳永逸地解决人类思想中几千年来被无休止论证的哲学问题；要革命性地推翻被人类中最高权威所接受的本质性的终极信仰……这些行为都只能算作鲁莽轻率。
>
> 那么人类究竟是什么呢？是整体中的一个阶段，还是大化流行中的一段时间，上帝随心所欲的创造物？所有这一切都还是个谜。
>
> 然而无论历史的浩瀚时间延续多久，它的每一分钟又都运行于当下。决定性的历史时刻就都存在于钟面之上，因为时针永远在走动，而到达零时的时候，它又开始新的一轮旋转，就好比人类开创新的时期一样。
>
> 没有向导，没有指南，在疑问重重的汪洋大海中，大多数的年轻大脑都只能面对迷失或者发疯的结局，冒险者都被风暴打垮了。我们的全部哲学无法指引大众，只会无休止地干扰大众的思考。
>
> 当大众发现整个基督教思想是建立在虚妄之上时，一次巨大的变革将铺天盖地而来。我试图否定这一切，但是，唉！摧毁是极其容易的，但想要创造新的信仰却很难。

威廉从不轻易地在重大问题上仓促地下结论，只要还有可回旋的余地，他都会选择回避。然而一旦他投身于其中，就必定会全力以赴。他写道："我们往往在本应直面我们命运的当口软弱，服从于上帝的意志或是服从于谦卑的态度，这不是信仰，只是懦弱和胆小的借口。"

顺利完成中学学业

1861 年的春末，威廉不幸地患上了严重的头痛和眼疾，医生也无法诊断出病因，只能揣测病症是由神经性病变引起的。

由于生病，威廉争取到了两个月的假期，在瑙姆堡住到了 8 月底，假期的延长使得生病的苦恼被一扫而光，他在这里度过了一段快乐的时光。

在两个月的假期中，威廉对自己思想中的疑问作了深入的探索，尽管问题还没有得到解决，但微小的进展足够令他精神饱满地重返普尔塔，他终于可以安心做一名勤奋的学生了。

威廉依然继续博览群书，坚持创作，每个月按时给瑙姆堡的两个朋友寄去诗歌、歌曲、舞曲、评论和哲学论文。这些创作并没有耽误他的学业，反而令他在一些出色老师的指导下，学习了古代语言和古代文学。

愉快的生活一直持续到了毕业前夕，此时，威廉将不得不面对选择职业的困扰。

1862 年 5 月，威廉在给母亲的信中这样写道：

我经常想到自己的前途问题，外界环境和我自己的因素使这个问题显得麻烦并且难以定夺。毫无疑问，我想凭借自己的能力在我所从事的职业内取得成功，但我放不下这些充满趣味、形形色色的问题。

无论面对什么，我都会充满激情地一干到底，这样一来却让选择变得更为艰难，因为问题的关键在于我们的希望正在欺骗我们，而我们却无法发现一个能够让我们为之献身的职业。一个暂时的偏好、某种家庭传统、一个愿望都有可能让人走上错误的道路！

我不对自己的处境感到乐观，我对很多的领域都颇有兴趣，如果我能满足自己广泛的兴趣，那么我必然能在很多领域颇有成就，但这些成就对我的职业而言却毫无用处。我明白自己当前的任务——选择一个合适的职业，但这就意味着我要摒弃自己现有的许多爱好，同时去增加新的爱好。但我应该抛弃哪些呢？如果被我抛弃的那些恰好又正是我最钟爱的呢？

最后一个假期悄悄地过去了，威廉即将毕业。此时学校的清规戒律对即将毕业的学生变得松懈了，并向学生提供了一间属于他们自己的屋子。

威廉获得了某些自由，总有些老师会邀请他出去吃饭，在这些娱乐活动中，威廉首次在修道院般的学校里感受到世俗的乐趣。

他认真阅读了柏拉图的《会饮篇》、埃斯库罗斯的悲剧，然后埋头学习正规课程。

有时候，在吃晚饭之前，威廉会坐在钢琴边弹奏，他经常选择贝多芬或者舒曼的曲子，甚至是自己的即兴创作。他的两个同学格斯道夫和保尔·杜森成为了他固定的听众，后来他们保持了一生的友谊。

威廉陷入了狂热的诗歌创作之中，只要稍有空闲，只要作业可以拖延几个小时，他就会再次成为抒情诗人。

一个复活节的早晨，威廉离开学校返回了家中，没有和任何人打招呼，径直走进了自己的房间，他独自待在那里，如同沉入梦呓一般，接着飞速运转的思维便包围了他，给予了他强烈的乐趣，他随即将自己的感觉记录了下来：

复活节之夜，窗外飘着毛毛细雨，一片静谧。我独自一人，裹着晨衣，坐在火边。桌上躺着一张白纸。我凝视着它，陷入了深思。我转动着钢笔，为蜂拥而至的无法摆脱的问题、感觉和想法所困扰。它们向我逼来，嚷着要付诸笔端。喧嚣吵闹制造出了巨大的骚动。

我们的情绪被这种新旧的交战决定着，战争的结果，无论胜利还是失败都是我们的心境和情绪。我经常窥探自己的思想和情感，带着虔诚的心紧紧地研究它们——在剧烈摩擦所带来的忙碌和骚动中，空气震颤着被撕裂了，就像是某个思想或是某只鹰长啸一声，直射太阳，这样的过程让我无法忘怀。

灵魂从斗争中吸取了力量，并在斗争中取得了甜蜜和辉煌成就。甜蜜在前方诱惑它，让它燃起对新鲜养料的欲望，于是它被驱使着奋力作战，大肆破坏，但是当它把猎物诱捕到手并吞入腹中时，它脸上的表情又何其地温柔。

此刻的欢乐和痛苦都会瞬息即逝，它们仅仅是作为更深广感觉的帷幕而存在着，当那些更为成熟、更为高级的感觉出现之时，它们就会消失。正因为此，当它们稍纵即逝，那些曾经独一无二、无与伦比、迅捷而又无法形容的感觉会越来越深地铭刻于我们的记忆之中。

此刻，我正想着我曾经爱过的一些人，他们的名字、音容笑貌在我脑海里一闪而过。不论是这些回忆中的哪个片段被重新想起时，它们就都会唤醒我心中那些更为敏锐的感觉，因为精神不能容忍它的原地踏步，它需要被不断地扩充，向着更高的高度进发。

亲爱的感觉，你和大自然一样丰富，却比大自然更为壮观，因为你永远在斗争，为着达到更高的高度，而植物们却在原地不动，它们在今天发出的香味与初生时发出的香味毫无区别。

回到普尔塔之后，威廉参加了毕业考试，得到了毕业证书。

毕业典礼是每个学校都要举行的仪式，毕业生们聚集在一起做最后一次祈祷，接着向他们的老师致书面感谢词。

威廉在感谢词中首先向上帝致意："我首先感谢上帝，他赐予我一切。对于他的慷慨，我只能向他奉献发自内心深处的强烈谢意和对其爱的信任。他给予了我在此地度过一生中最欢乐的时光的机会。祈愿他，仁慈的万物之主，继续把我置于其庇护之下。"

接着，威廉向尊敬的老师和可爱的同学们致辞："亲爱的同学们，我深知，移植一棵树很困难，它需要在新的土壤环境中慢慢生根。我很怀疑在离开你们的日子里我能否习惯？再见吧，亲爱的同学们！"

似乎这篇长文还不足以宣泄他心中的感情，于是他又在文章后为自己写了几行抒情诗，在诗中表达了自己的感情：

再见了，再见！汽笛已经发出了起航的召唤，
船长的催促击退了我的徘徊，
从今往后，劈波斩棘，千帆竞发。
再见，再见吧！……

进入波恩大学读书

1862 年 10 月中旬，弗里德里希·威廉·尼采离开了瑙姆堡，他和同学保尔·杜森及杜森的一个表兄弟前往波恩大学。

当时，三个年轻人选择了马匹作为交通工具，他们骑着马在路上慢慢走着，尽情享受那自由的时光，他们在莱茵河边短暂地停留了一阵，快乐得忘记了所有烦恼。三个年轻人还在乡村的小酒店内喝了很多啤酒。

尼采看起来有些醉，他似乎对自己那长着长耳朵的坐骑很感兴趣，他俯下身仔细观察测量了一下那对长耳朵，断言道：“这是一头驴。”

杜森和他的表弟立刻回答道：“不，这是一匹马。”

尼采再次测量了一下耳朵，肯定地说道：“这是一头驴。”

他们就在路上闲逛，直至傍晚时分才回去。三个人一路上高谈阔论，吵吵嚷嚷的声音令镇上的居民很反感。尼采柔和地唱着情歌，吸引了好多女孩在床边倾听，她们都躲在窗帘后面，小心地从缝隙中窥探着这三个年轻人。最后，一位正直的居民忍无可忍，不得不出来呵斥这三个喧闹者，用恐吓的语气将他们赶回了旅店。

到达波恩后，三个年轻人安顿了下来。

而当时的德意志正处在四分五裂的境地，大学却依然能够保持住自身的活力，过着强有力的生活，这是同这些大学光荣的历史和荣耀的传说密不可分的。人们都知道莱比锡、柏林、耶拿、海德堡和波恩大学。

老师们鼓励青年学子勇敢地武装起来，为拯救德意志民族而去与拿破仑作斗争。为了反对暴君和僧侣们对德意志自由原则的践踏，这些勇敢的学生们曾经愤然反抗，并且现在还仍然进行着战斗。

德意志民族热爱这些严肃的老师和斗志昂扬的青年，他们是祖国尊严的象征，替那些为劳动而武装起来的勤劳的祖国人民指引了方向。少年们都把自己学生时代的梦想视为人生的顶峰，温柔的姑娘也将纯洁高尚的学生作为自己暗恋的对象，对富于梦想的德国人来说，没有什么会比大学的梦想更具吸引力了。整个国家都为这些充满知识、勇气、美德和欢乐的杰出学校感到骄傲。

到达波恩后，尼采和伙伴们都为自己的所见所闻而激动。他写道："我到达了波恩，看到无限美妙的前景，我为这一切感到骄傲。"

尼采急于结识新朋友，希望同他们共同学习并将对他们的思想产生影响。

波恩大学的学习风气是集体学习，大多数学生都习惯于结成社团，共同进步。尼采开始有些迟疑，但他意识到如果不加入社团，自己就会孤僻离群，因此他加入了其中的一个学生协会。

在接下来的几个星期里，尼采尽量让自己融进新生活中，但是他依然保持了自己一贯的严谨作风，他不沾烟酒，但是却淋漓尽致地享受学术讨论和水上泛舟带来的简单乐趣。

他喜欢去河畔的饭馆吃饭，黄昏时和朋友在回家的路上即兴合唱，他沉浸在这样的生活之中。

很快，尼采就对这样的生活感到了厌倦，快乐的情绪也随之烟消云散了。12 月初，他的娱乐生活开始变得越来越少，他又开始重新回到了从前的状态，不安的情绪再次袭来，而亲人的远离让他倍感孤独，随着圣诞节和新年的到来，他内心的伤感愈加明显。

尼采不想浪费时间，决定采取一种更为严格更为专注的方式来生活，但这就必须和他的同伴们断绝关系，面对这个结果，尼采犹豫了："虽然伙伴们同我一样年轻勇敢，但显得有些粗野，我该不该跟他们断绝关系呢?”

尼采在给格斯道夫的信中说道:“当一个人对出现于眼前的邪恶没有了源自本能的反感,那么他就走得太远了。”

尼采选修了一门难度很大的课程,他决定跟他的朋友们坦率地谈谈,以便使他们的生活脱离粗俗低级而朝着高尚的方向发展。因此,他呼吁禁止或减少抽烟喝酒协会,因为这种协会是令他反感的。

但是,尼采的建议没有被采纳。并作为倡议者受到了冷落,被孤立到了一边。协会成员对他进行了无情的讽刺,这使他感到愤怒。他用激烈的语言进行了回击,他失去了所有的友情与关爱。这时他体会到了被打败者的痛苦的孤独。最终尼采被他们“请”出了协会。

尼采是一个骄傲的人,所以要他继续待在波恩是很难做到的。他刻苦钻研索然无味的语言学,想要借此锻炼自己的心智,纠正自己的神秘主义倾向和有些混乱的思维。

同时,尼采也能通过直觉感受到古希腊文那令人吃惊的美感,但在进行分析的时候却使他丧失了兴趣。他的语言学老师里奇尔劝他不要进行其他科目的研究:“假如你想成为一个强者,就要取得某一方面的专长。”

尼采接受了这个忠告,他放弃了自己要对神学进行深度钻研的念头。不久,他就已经能够写出受到里奇尔褒奖的论文了。

尼采经常聆听同学们的议论。他们中有些人毫无信念、不带感情地一遍遍重复着黑格尔、费希特、谢林的各种理论,另一些喜爱实证科学的人则阅读沃格特、毕希纳的唯物主义论文。尼采读过这些论文就不愿再读第二遍了。因为他是一个诗人,需要的是抒情、直觉和神秘,冰冷清晰的科学世界是不能令他感到满意的。

尼采太具有诗人气质了,而且也太具有贵族气质了,这注定他不会对平民政治感兴趣。他把美、善、力量、英雄主义看作是理想目标,并且希望自己有朝一日能够实现它们。

当然，尼采有自己明确的爱好，他热爱古希腊诗人，喜欢巴赫、贝多芬和拜伦。

已经21岁的尼采跟从前那个17岁的喜欢对不确定的意见表示沉默的他还是一样的。他的朋友杜森认为祈祷没有实际的效力，只是给祈祷者的心灵以虚幻的自信而已。

尼采尖锐地回答他说："那是费尔巴哈式的蠢话。"

杜森在别的场合还提起过施特劳斯刚刚再版的《耶稣传》，并对书中的意见表示了赞同的观点。但尼采拒绝在这个话题上发表看法："这个问题非同小可。要是你信奉耶稣，那么你同时也必须供奉上帝。"

那时，尼采的妹妹还是基督教的信仰者，她写信对尼采说："人们必须从事情的最痛苦的一面中去寻求真理。就目前而言，要去相信基督教的玄妙教义而妄想不费劲儿是不可能的，由此推断，基督教义是真实的。"

尼采立刻给妹妹回了一封措辞激烈的信。这封信表露出了他内心的不快：

你认为要接受并承认这些信仰真的很困难吗？我们是在这种信仰的熏陶下长大的，它已经一寸寸深入地扎根于我们的生活之中。我们的亲朋好友及他人都把它视作了真理。而且无论真实与否，它确实安慰并提高了人性的品质。

你认为承认这种信仰比与一个人的习惯作斗争更为艰难吗？那是一种疑虑重重的孤独的斗争，并会因为各种精神上的消沉和悔恨而变得更为阴沉。这种斗争常使一个人深陷于绝望当中，但却忠实于他的永恒追求，即对通往真、善、美的新道路的发现。

这就是已经明确划分好了的生活的道路，如果你想要得到灵魂的安宁和幸福，那么你就要相信；如果你想做真理的信徒，那么你就要探索……

尼采尽力忍受着这种痛苦的生活。他去乡间散步，把自己关在屋里研究艺术史和贝多芬。但是这些努力都是徒劳无用的，他无法忘记波恩的人们。他曾两次去科隆参加音乐节，但是每一次回去都会增加他的忧郁。

尼采坐船离开了生活一年的波恩。这是他临离开时的心境：

我像亡命之徒一样离开了波恩。夜半时分，我和我的朋友们一起站在莱茵河的码头上。我们在等从科隆开出的轮船。在即将离开这繁华美丽的地方和那些青年同学的时候，我没有感到一丝一毫的痛苦。

事实正好相反，我是从他们身边逃离的。我不想再像以前那样对他们进行一番不恰当的评价。但是因为我的天性与他们格格不入，我是如此腼腆内敛，而且在如此多的作用力面前我没有能力去坚持自己的角色。一切都强加于我身上，我无法成功地控制自己所处的环境。我感到自己对科学和生活都将无所作为，却让各种谬误填满了自己的大脑，想到这里，我便感到心情沉重。轮船来了，把我带走了。我在潮湿阴冷的夜里待在驾驶台上，看见那勾勒出波恩河畔轮廓的小灯逐渐熄灭，此情此景使我倍添逃亡之感。

到莱比锡继续求学

1863 年年初，尼采和一个同学离开了波恩，他们在柏林住了两个星期，同学的父亲是个爱指责别人、事后又后悔的富商。老人肯定地说道："普鲁士完了。自由主义者和犹太人用他们的胡言乱语毁掉了一切。他们摧毁了传统、自信和思想本身。"

尼采喜欢听这一类尖利的话，并以波恩大学学生为例来评价德意志。他对柏林所有的人都看不顺眼，于是决定去莱比锡完成学业。一到这个陌生的城市，他就立即去大学报到注册。

10 月 17 日，在度过 21 岁生日后两天，尼采到达莱比锡。18 日，在莱比锡大学注册学习古典语言学。这时他对于自己今后的职业也想清楚了："我的目标是成为一名真正的教师，首先要在青年人中激发起必不可少的深刻思维并培养他们自身的评判能力。这样，在他们心里就能不断地提出为什么要学习研究，什么是他们的研究对象以及怎样去研究这样一些问题。"而现在，他首先就是以这样的要求来规定自己的学习活动的。

在莱比锡大学报到的这一天，正好是校庆日，尼采目睹了一个有趣的场面：校长向学生训话。

校长告诉他们说："100 年前的同一天，歌德曾经和他的长辈们一起在这儿注册。但是，天才有他自己的道路。跟随天才们的道路是危险的。歌德不是一个好学生，你们学习期间切不可以他为榜样。"

青年们大笑着高呼着："哦，哦！"

尼采听到这里，感到这不仅是莱比锡大学的荣耀，也是他尼采的荣耀。百年后的今天，步伟大歌德的后尘，他也来到了这里，这真让他自豪不已。他暗自思忖：这也许不仅仅是巧合！

尼采对于命运之神在此时把他带到这里感到欣慰。他烧掉了一些还夹在他的作业本里的诗稿，又重新投入到了学习中去，并训练自己用最严谨的方法去研究语言学。

然而对语言学的厌倦感很快便又卷土重来，于是尼采又长篇累牍地在书信和笔记里发着牢骚。

幸亏这一切很快就结束了，一次偶然的机会，他在书摊上看到了亚瑟·叔本华写的一本书——《作为意志和表象的世界》。他翻了几页，书中遣词造句所表现出的气势、传神和天赋当场就将他震住了。

尼采后来写道："我不知道是什么精灵在我耳边低语：'带上这本书回家吧。'我就这样获得了它。一走进房间，我就打开了我的宝贝，并听凭自己去接受这本力量充沛而又严肃阴郁的天才著作的影响。"

叔本华这本书的序言极其丰富，包括了作家为3个版本写的3篇序言，而3篇序言分别写于1818年、1844年和1859年。这些序言傲慢尖刻，但没有表现出丝毫的不安。相反，深邃的思想和尖锐的讽刺在书中比比皆是。它们具有歌德的抒情性和俾斯麦一针见血的现实性，具有德国文学罕见的典雅优美和从容不迫。

尼采被书中散发出来的高贵气质、艺术情感和完全自由的精神征服了。叔本华写道："我认为一个人所发现的真理，或者他投射到某个幽暗地方的光芒，总有一天会打动另一个思考者，令他感动、欣喜，给他安慰。似乎他所说的一切全都是为了这个人，这正如那些和我们相近的灵魂在人生的荒漠里曾经对我们诉说，安慰过我们一样。"

尼采被这些话深深地感动了，因为这些话深深地触到了他的心灵。

在叔本华的描写中，世界不是由万能的神掌控，而是被链条般的法律牵引着，但是世界的永恒本质是驱使人们投入生活的盲目意志，而这就决定了世界对法律和理智分析的漠视。这种盲目性促成了宇宙中的一切现象，所以，只能陷入对自己的痛苦折磨当中，生活中有着无限的欲望，而欲望带来无尽的折磨。

19 世纪的伟人信仰人的力量，但没有掩盖他们在潜意识中对人类的蔑视，蔑视这些“最后来到地球，大多只有 30 岁的生物”。哲学家们将发展这一愚蠢的发明提了出来，这个观点与理性的意志相对抗，反驳理性意志的无生无死是一种荒唐的谬论，而在发展的前提下，宇宙是客观的，没有意识的……

这就是尼采在这本小册子上读到的内容。在 19 世纪，这个观念冲击了人们长久以来天真的信念，击碎了人们大脑中幼稚的美梦。

尼采在书中体验到了叔本华那令人惊讶的激情，虽然他谴责生命，但是他在自己的作品里灌注了强烈的生命力。

足足两个星期，尼采终日将自己泡在这本书和钢琴里面，他的睡眠时间很短，他总是在凌晨 2 时睡觉，然后 6 时又起床，阅读之后他常常沉思，并在深思的间隙将自己的感想写成一篇《启应祷告文》。

现在，尼采的灵魂充实了。他看到了自身可怕的真相，但他自己却并不畏惧，因为在很长的时间里，他的本能就不断提醒他，让他提前做好了接受这个真相的准备。

尼采写信给妹妹说：“我们是在寻求宁静与快乐吗？不，我们寻求的只是真理，尽管它很邪恶。”

童年的沉思，埃斯库罗斯、拜伦和歌德作品的阅读已经给了尼采这样的预感，他甚至在基督教的象征中瞥见过它：“这一邪恶的意志，欲望的奴隶，现今连救世主赋予的神圣光芒都被收回具有悲剧性的堕落的本质是何物？”

尼采曾经担惊受怕，恐惧自己由于年轻和轻率而坠入这样的人间地狱，可现如今他敢于正视它，不再感到害怕，因为自己不再是孤独一人，叔本华是和自己并肩而战的。

尼采折服于叔本华的智慧，并实现了自己多年来想要找到一个导师的深切愿望，对此，他感到心满意足。他甚至将叔本华称为了自己的父亲，由于童年丧父，尼采一直将“父亲”这个称呼看得神圣而又温柔。

尼采万分欣喜，但随即却又感到了深深的遗憾，因为叔本华刚去世不久。这种得到导师的欣喜和失去导师的悲哀交织在一起，尼采开始变得神经质。想要重新回到正常人的生活，就必须要有一种强有力的努力才行。

尼采因为有了叔本华这个导师，他不再厌烦语言学，甚至参加了由里奇尔的学生成立的研究会。

1866 年 1 月 18 日，在阅读叔本华的作品几个星期后，尼采在研究会上向会员们展示了自己的成果，他详尽阐发了自己对西奥格尼斯的一些手稿及其《诗歌选集》的研究。

尼采的讲演挥洒自如，充满激情，受到了会员的一致好评。尼采喜欢成功，演讲收到的良好效果令他感到愉快。

随后，尼采把这篇论文交给了里奇尔，里奇尔对这篇文章表示赞赏并且热烈地祝贺他，这使得尼采更加高兴了。自此之后，尼采成为了老师最看重的学生。

尼采从来都把学习语言学视作自己的次要任务，在他的眼中，语言学只是训练智力和谋生的手段。他的灵魂和所有深邃的灵魂一样饥渴，同时，和所有年轻的热烈的灵魂一样，在结束一天的枯燥工作后，他常常陷入忧伤的状态。

现在他的悲哀已经不再是对虚度时间的哀悼，他总是在书信的开始抱怨，可最终却变为热烈的情绪，这种奇怪的转变不代表情绪的痛苦，而是代表着过度充分：

有三件事在安慰我的情绪，它们实在十分难得——叔本华、舒曼的音乐和孤独的散步。昨天，天气阴沉，一场大暴雨转眼即到，我快步走向邻近的小山，往上攀登。山顶上有一个棚屋和一个男人，男人正在屠宰两只羔羊，他的孩子则站在一边观看。

一会儿，暴雨夹杂着轰隆的雷声和冰雹倾盆而下。暴雨让我全身畅快，充满了力量和激情，而且我完全明白，只有远离一切忧虑重负，才能像我一样了解自然，在自然中获得解脱。当物我合一时，那些尘世纷繁与我何干？永恒的能动与使动又与我有何瓜葛？闪电、暴雨和冰雹与这一切迥然有别，伦理无法约束它们，因此它们自由自在！这种状态让它们如此幸福并且万分强大，它们即是不受心智扰乱的纯粹意志！

1866 年夏，尼采泡在莱比锡的图书馆里，他正在研究一些深奥难懂的拜占庭时期的手稿。

突然，他的注意力被一件事件吸引了：普鲁士韬光养晦 50 年，等到重出江湖时便扮演了一个好战者的角色。俾斯麦成为腓特烈大帝王国的新一个领袖，俾斯麦是一个感情热烈、性情暴躁、精明圆滑的贵族，他统一天下，建立大一统的帝国，实现所有德意志人的梦想，在一次和奥地利发生争执的时候，俾斯麦命令毛奇领兵奋战 20 天，打败奥地利。

而就在这一时期，尼采在一份备忘录里写道：

这个星期是萨多瓦节，我刚刚为莱茵博物馆完成了撰写《西奥格尼斯》的工作。

虽然尼采没有停下手头的工作，但这些政治大事件却让他印象深刻，他自认为是普鲁士的一员，他热爱祖国并为民族的胜利感到骄傲，但是他在快乐之后依然冷静："这是我从未体验过的快乐，我们胜利在望，可是只要巴黎仍是欧洲的中心，那我们的努力就都是徒劳的，我们必须做的是努力打破这种平衡，就算不成，我们也要尽量去打破它。如果我们的斗争失败了，那么就让我们大家一起为国家而死。"

对未来的展望并没有扰乱尼采的心智，这种展望正好契合他那忧郁悲观的趣味。

他精神抖擞，赞美之情喷薄欲出：

有时候，我努力让自己清醒，不让自己因为一时的情绪和对普鲁士的情感而被冲昏了头。在我所看到的，这种完全由某个政府、某个领导主导的事情，是被历史的前进所推动的行动。我很清楚，这种行动一点都不道德，但是对那些期待着它的人来说，这种结果充满了美感，并引人奋进。

投身社会实践

我希望我最后弹奏出来的不仅是乐谱本身所记载的曲调，还是充满自由奔放情感的幻想曲，它要尽可能自由，但同时又要合乎逻辑和美感。

——尼采

深入研究叔本华的思想

1866年，在莱比锡度过的第二年，也许是尼采这一生中最快乐的时光。导师叔本华给他带来了精神上的安全感，这让他享受其中。

他在给朋友杜森的信中写道：

你要我证明叔本华的正确，导师就像我脚下的土壤，让我扎根其中，有了他我才能怀着勇气和自由平静地看待生命。导师就像我脚下的阶梯，让忧郁的潮水无法淹过我的头顶，不能将我冲出路边。因为有了导师，即使在那些人迹罕至的领域，我依然能够感到像是在家中那样悠闲自得。

这一年平静而又充满了友爱，公共事务并不让尼采发愁。普鲁士在取得短暂的胜利之后，重新走回到了平庸的正常的日常道路中，而此时评论界和新闻界依然对普鲁士官方的行动喋喋不休。对此，尼采一概置之不理，他说："现下没有多少人在忙那些具有真正重要性和真正意义的事情，他们大多智识庸常，这种思潮值得人们警觉。"

尼采对艺术、思考和古代语言学本质特征的研究有着浓厚的兴趣，他把全部精力都投入到了这几方面。他喜欢里奇尔老师，认为"他是我的科学良知"。

尼采积极参加研究会举行的各种气氛融洽的晚会，他参加了研究会演讲和讨论并制订出了工作计划，虽然这些计划需要大量的时间，但他依然将这些计划推荐给了他的朋友们。

尼采选择第欧根尼·拉尔修的原始文献作为研究课题，而第欧根尼·拉尔修的最大贡献就在于他为后人编辑保存了古希腊哲学家们的珍贵信息。

尼采期待自己能够写一篇具有远见卓识的研究报告，在他的设想中，这个报告要论证严谨却又行文优美。他写信给杜森说："你一定也已觉察到，一切重大作品都具有精神层面的影响。那种全心全意为材料寻找和谐形式的努力和石子投入水中的效果相同，它泛出的波纹由小逐渐扩大，并不断产生着更大的波纹。"

4 月份，尼采将全部的笔记集中起来并加以系统化，他沉浸于文章的美感之中，他期望着创作出深奥优雅的语言。他不喜欢学究们的写作方式，因为那些文字失去了词的韵味，而句子的过分匀称让文章看起来显得很空洞。

他写道：

所有限制都从我眼前消失了。这个国家不讲究文体风格，我在这种恶习中浸淫已久。但我在"你应当写作，你必须写作"这一无条件的命令中惊醒。

长久的生疏让钢笔在我指间突然变得生硬。我感到绝望，情绪失控。我听见莱辛、利希腾伯格、叔本华说过的原则在我的耳边回响，斥责着我的懒惰。

首先，我希望我的文字流淌出一种欢快的情绪，我会将留恋弹琴的毅力运用于此。我希望我最后弹奏出来的不仅是乐谱本身所记载的曲调，还是充满自由奔放情感的幻想曲，它要尽可能自由，但同时又要合乎逻辑和美感。

尼采忠诚于与童年玩伴间的友谊，但此时，他的那些朋友中的一个已经去世了，另一个则由于生活和职业的关系已经与尼采分别了 10 年，时间和空间的距离让尼采生疏了这段友谊。

在普尔塔的时候，尼采结识了好学的杜森和忠诚的格斯道夫，如今他们中的一个在蒂宾根读书，另一个远在柏林。尼采怀着巨大的热情，一直保持着和朋友们的通信，但是通信远不能满足朋友之间对问题的交流和对感情的倾诉的需要，因此尼采十分渴望友情。

最后，尼采结识了欧文·罗德，此人精力旺盛，聪明颖悟。尼采一眼就喜欢上了对方，他用高尚的眼光看待自己的新朋友，并对欧文崇拜备至。

每晚结束了紧张的工作之后，这两个年轻人就聚在一块儿，他们喜欢在一起散步或者骑马，时刻都保持着交谈。这种建立在精神交流和哲学基础上的友谊令人感到非常愉快。他们的很多观点都不一致，经常进行激烈的辩论。这样的辩论促进双方的思想发生更深刻的变化。争论之后，互相抵触的思想静默了下来，洋溢着静穆的情绪，在互相包容。

尼采和欧文定了一个约定：假期的前几个星期要一起度过。

等到暑假来临，他们离开了莱比锡，前往人烟稀少的波希米亚边区做徒步旅行。波希米亚边区是高原地带，林木丛生，景色和法国的孚日山脉非常相似。

尼采和欧文带着极其简便的行装，终日漫游，他们连书都没有带。从一个旅馆走到另一个旅馆，过着无忧无虑的生活。在旅途中，他们以叔本华、贝多芬、德国和希腊为话题，对各种问题作出了评价和批评。

他们对于科学都有着

相同的排斥："啊，愚蠢的博学。诗人歌德发现了古希腊的民族精神。他用梦幻的色彩规范了这种精神，并将它作为丰富而又清晰的美的典范，向德国人展示了出来。后来的学者们便追随他，可是他们鼠目寸光，将这奇妙的艺术工作变成了科学命题，并将所有的问题都挖了个透，就连《伊利亚特》语言上的小问题也不放过，他们甚至挖掘出这些小问题与雅利安语的关系。"

"可是这些研究成果又有什么意义呢？歌德早就注意到《伊利亚特》那独一无二的美，但他们却忽略了这一点。我们要制止这种无聊的游戏，这是我们的责任。我们要回到歌德的道路上，不是分析解剖古希腊精神，而是要让这种精神发扬光大，并将这种精神传播到人民之中。学者们纠缠于细枝末节的探究已经太久了，现在该让这种探究停止下来了。我们这一代人的责任是要参与到辉煌的遗产中，而不是冷眼旁观。"

经过一个月的旅行和交流，两个年轻人离开了波希米亚边区，来到小城迈宁根。此时，悲观主义哲学家们正在这里举行一系列音乐会。

乐队指挥是李斯特神父，在音乐会上，乐队演奏了汉斯·冯·布娄的交响乐诗《涅槃》，主办方在节目单上用叔本华的格言对这首诗的含义作了解释。李斯特在他自己擅长的如《祝福》的宗教性作品中表现甚佳，而他在探索《涅槃》的印度文化特征方面也取得了非凡的成功。

在音乐节结束的第二天，尼采和欧文结束了一个暑假的共同旅程，各自回到了家中。

尼采一个人待在瑙姆堡，在这期间，他进行了各种各样的工作并广泛地进行了阅读。他阅读了哈特曼、杜林、朗格、巴恩森这些年轻的德国哲学家们的著作，并作了仔细的研究。

尼采深深敬仰着这些哲学家并把他们看作是自己在思想上的亲密

战友，他渴望同他们结识，和他们并肩创办一份评论，并在上面发表自己和他们合作创作的文论。

尼采计划了一篇关于叔本华的宣言，在这篇预计的短文中，他想将叔本华的思想发扬光大，并且以此使叔本华成为同时代人的导师。

文章是这样写的：

在所有的哲学家中，叔本华是最真诚的。虚假的感觉从来不曾束缚叔本华的心智，这样的坦诚和勇敢使得叔本华具有成为领导者的潜质。叔本华统领我们的时代，他的悲观主义建立于理智之上，睿智却又无法不严肃，他是复兴古典主义和德国希腊精神的哲学家。

巧遇瓦格纳先生

1867年，正当尼采全身心投入工作的时候，他的生活突然发生了变化。由于眼睛的高度近视，尼采一直不用去服兵役。然而到了这一年，普鲁士在政治上的扩张导致军队急需大量士兵，于是尼采被招入了驻扎在瑙姆堡的炮兵团。

尼采一进入兵营，他就决定要全力以赴服好兵役，此时正当战争时期，履行军事义务为的是保家卫国，服兵役被人们看作是神圣的事业。尼采也认为投笔从戎是一件对健康有益的事情，因此他认真地去做一名炮兵，而且立志要做一名出色的炮兵，为祖国效劳。

他用夹杂着希腊文的德语这样写道：

> 这种生活让我很不习惯，但是它却是有益的。短短的时间中我的感受非常深刻，服兵役对人的精神活力有着持久的影响，一进入兵营，从前软弱无能的怀疑主义就会完全消失，从这一点来说，服兵役具有至高的价值。
>
> 我们都知道怀疑主义会带来的后果。在营地各种训练和行动可以让人不断看清自己身上的天性和它带来的好处与坏处。兵营里都是些陌生人，大部分人的行为粗野，但是首长和士兵都对我和蔼可亲，他们赞赏我对每一件事都表现出热情和兴趣。
>
> 试想一下，一个新兵在30个人的骑行比赛中出类拔萃，引人注目，这难道不会让这个新兵感到万分骄傲吗？在我看来，同一张语言学文凭比起来，这样的荣誉要有价值得多。

紧接着，尼采全文引用了里奇尔为赞扬他那篇学术论文所写的推荐信，这封推荐信行文优美，具有西塞罗风格。

这种乐观情绪持续的时间并不长。很快，尼采就意识到，一个沉浸于文学，并且整日思考德谟克利特哲学问题的人，投笔从戎做了一个马背上的炮兵实在是件不幸的事情。

有一次，尼采从马背上摔下来，肋部受了伤。他连续卧床一个月，一直躺到了五朔节。虽然伤痛折磨着他，但他却因祸得福，又有了闲暇，可以进行一生中最喜欢的研究和思考。

节日的来临使他开始变得焦躁不安了，他甚至开始怀念起操练时的自由生活。

为了减轻自己的烦躁，尼采开始研究西蒙尼德斯的诗作《达那厄的哀诉》，在短期的工作中，他修正了原文中带有疑问的词语，并且将研究成果以信件的形式寄给了里奇尔。

尼采的伤口迟迟未能愈合。一天，他的伤口化脓了，一块骨头的碎片从伤口处露了出来。他开始明白，他的计划、考试、去巴黎旅行统统都要泡汤了。他说："只有当一个人看到他自己的一小片骨骼时，人类的脆弱才会彻底暴露无遗。"

巴黎之行是尼采一个最新的想法，同时尼采又是一个从来都不会独享欢乐的人，因此他写信告诉他的朋友们："当我们毕业时，我们一块儿去巴黎过冬吧！在那里，我们可以忘掉学业，我们也可以不再卖弄我们的学问。让我们见识一下康康舞和绿色的苦艾酒吧！我们可以好好品尝它。让我们去巴黎像兄弟一样地生活，漫步在林荫大道上吧！让我们作为德国青年的代表到那里去吧，我们不会虚度光阴，我们会不时地给报纸投点小短文，向世界披露巴黎的逸闻趣事。"

欧文答应了尼采的请求，这大大地减轻了尼采一直以来的急躁，他忍受着病痛，最后他终于痊愈了。

10月初，尼采在瑙姆堡无法享受到各种文化活动，文化生活的极度缺乏使他重返了莱比锡。老师和同学们都在热烈地欢迎着他的回归，对此他感到很快乐。

此时的尼采还是一个不满24岁的小伙子，但是他的前途却已经一片光明了，柏林一家重要的评论杂志向他约稿，他们想要一些历史研究方面的理论，尼采接受了邀请。

同时，莱比锡一家音乐评论杂志发出了邀请，想聘请尼采做编辑。但是尼采最终还是拒绝了他们的再三请求。

尼采爱好广泛，但爱好中却不包括政治，他讨厌公共集会上的嘈杂。他说："我坚决不做一个愚蠢的政治家。"

格斯道夫写信告知尼采一些有关议会在柏林的阴谋，对此，尼采立即回信道：

> 我十分震惊，对于这些事情，我既不能很好地理解，也完全不能够接受。除非我不再属于人民这个阶层，可以分别考虑某个当权者所做的事情。俾斯麦总是能给我带来巨大的满足。
>
> 他的论文就像是高度酒，能带来强烈的快感，对于你告诉我的他的对手们的阴谋，那实在是太容易猜到了，因为任何低级、狭隘、偏执和有限的事物都必然会反对这样高昂的天性并同它作殊死的斗争。

此时的尼采沉浸在众多的欢乐当中，尤其是他又发现了一个新的天才：理查·瓦格纳。他的《特雷斯坦和依索尔德》深深地打动了尼采。

德意志人对瓦格纳这个集诗人、作曲家、政论家、哲学家于一身的男人赞赏有加。他在德累斯顿是个激进的革命者，在巴黎是个不被政府欢迎的作家，在慕尼黑又是宫廷的宠儿。德国学术界讨论他的作品，嘲笑他的债务缠身和那件猩红色的长袍。总之，瓦格纳的生活夹杂着真诚和虚伪、卑贱和伟大。

尼采在很长的时间里思考着：“瓦格纳到底是个什么样的人？一个不安的灵魂？一个天才？”

而瓦格纳的其他作品却令尼采感到不安。1866 年 10 月，尼采写信给格斯道夫：“我刚读完《女武神》，我的感觉是如此的混乱，以至于我无法下结论。里面巨大的美和善与缺陷和不足数量相等，因此相互抵消。瓦格纳是个无法令人轻易搞明白的人。”

1868 年 7 月，瓦格纳在慕尼黑上演了诗剧《音乐协会》。在这出壮丽通俗的诗剧当中，充斥着雄辩、娱乐、劳动和爱以及被自我美化了的艺术和音乐，德意志大众和作战英雄成为了主角。

当时的北德意志正处于上升时期，因此具有自我膨胀的需要，而这出诗剧中洋溢着自信和热忱，因此瓦格纳受到了热烈的欢迎，他得到了前所未有的荣誉，进入了不朽的伟人殿堂。

尼采也听了《音乐协会》，剧中不可思议的美让他震撼：“一个人要想走近瓦格纳，那么整个人就必须有点激情才行。在听他的音乐时，我试图保持冷静，可是我的一切努力却都只是徒劳。他的音乐如此强大以至于让我体内的每根神经都在震颤。”

尼采的心被这种奇特的艺术牢牢地抓住了，他希望与自己的朋友们来共享这新的激情，他向他们讲述了自己对瓦格纳的印象：“在昨晚的音乐会上，《音乐协会》的序曲给我带来了持久的震撼，我好久都没有这样的感觉了。”

此时，瓦格纳的妹妹布罗克豪斯夫人正好住在莱比锡。她的朋友们说她和她的哥哥在特质上极为相似。尼采被这位夫人吸引了，想要接近她。

一个晚上，尼采回到家后，发现了一封信，这封信是一张便条，指明要他亲自开启，信上写的是："如果你想见到理查·瓦格纳，请在15时15分去剧场咖啡厅——温德西。"

尼采立即出门去找温德西，后来，温德西告诉他，瓦格纳现在正隐居在莱比锡的妹妹家里，这个消息极为隐秘，甚至连新闻界对他的到来也一无所知。

瓦格纳的妹妹布罗克豪斯夫人只向哥哥推荐了一位客人——里奇尔夫人。当里奇尔夫人去做客时，瓦格纳演奏了自己《音乐协会》中的抒情曲，这位优秀的女士告诉瓦格纳，"在我的学生尼采的影响下，我对这出音乐已经非常熟悉了。"

瓦格纳对里奇尔夫人的话既骄傲又惊讶，于是他急切地想要私自会见尼采。他们决定在星期五晚上邀请尼采。但是很遗憾，由于职务、工作和其他的限制，尼采无法在那天前往，因此尼采建议他们将会见时间改在星期天下午。

在接下来的几天中，尼采非常激动："在我新加入的这个社交圈内，肯定有着某些类似传奇的东西围绕在这位难以接近的英雄周围。我将要出席的是这样一个重大的场合，对此我十分重视，因此我要好好地修饰一下。"

凑巧的是，尼采的裁缝答应在星期天给他送过来一件新做好的黑色燕尾服，真是万事顺利啊！

星期天那天，天气恶劣，雨雪交加，一般人都不会想出门。但下午的聚会让尼采万分感动。裁缝却并没有把衣服送来，于是尼采自己去了裁缝店。一跨进店门，便看到裁缝的伙计正在缝制他的衣服，而他们再次保证一定会在3个小时之内就把衣服送到。

尼采离开了裁缝店，在回家的路上，他买了份《风言风语》，报纸上的一条新闻说瓦格纳正在瑞士，政府正在为他建一所漂亮的房子。尼采感到好笑，因为他知道自己马上就可以见到被国王称为"伟大的德国作曲家"的瓦格纳了。

回到了家里，裁缝却依然没有到来。尼采坐了下来，开始惬意地读着一篇研究欧多西亚的论文。傍晚时，他听到了那道关闭了的古旧的铁格栅被敲击的声音……

裁缝给尼采带来了新的燕尾服，尼采试了衣服，觉得非常合身。他向这位巧手艺人表达了自己的感谢，可是裁缝却要尼采当即将报酬付给他。尼采正处在经济窘迫的时候，只好提出了过后再付给他钱。裁缝见尼采并不付钱，便又拿着衣服离开了，只留下尴尬的尼采一个人。他突然想起了自己的另外一件黑色礼服，在尼采眼里，这件衣服似乎无法被穿着“合适地去见理查”，但最后他还是把那件衣服穿上了。

此时门外还下着倾盆大雨。尼采冲进了这黑漆漆的雨夜，虽然连件像样的燕尾服也没有，但这并不妨碍他情绪的激动。

当尼采走进布罗克豪斯家舒适的客厅时，客厅里坐着几个他们家的近亲。他们将尼采介绍给了瓦格纳，尼采对他表达了敬意。瓦格纳对尼采成为了他的音乐的忠实信徒这一件事非常感兴趣，一边不厌其详地问整件事的情况，一边谦虚地高声诅咒自己创作的所有作品。

他滔滔不绝地嘲笑了弦乐队的指挥们，他认为那帮家伙总觉得自己很懂音乐，老是作出忠告：“如果你们愿意的话，先生们，再多一点激情。来吧，情绪再饱满一些，朋友们！”

那晚的欢乐深深地印在了尼采的心里，以至于很久都无法恢复原有的平静。在晚饭之前，瓦格纳亲自演奏了《音乐协会》中的所有主题音乐，并自己模仿了全部的声音。

瓦格纳说话时思路异常敏捷，表述生动活泼，他那充沛的感情和幽默可以打动所有人。其间，尼采还花了很长时间和他聊了叔本华，瓦格纳也说：“叔本华是所有哲学家中唯一可以理解到音乐精髓的人，我所有的成就都要归功于他。”

尼采听了高兴万分。

在谈论了哲学之后，瓦格纳又朗读了他正在写的回忆录中的片段。回忆录中所写的是他在莱比锡的学生时代，那个场景十分有趣，他思路的敏捷、语言的幽默，简直令人惊异。

尼采准备告辞时，瓦格纳热情地同他握手，并非常友好地邀请尼采下次再去跟他畅谈音乐和哲学。并委托尼采向他的妹妹和双亲讲解他的音乐，这是一个让尼采十分满意的任务，他相信自己会满腔热忱地去完成任务。

尼采内心受到这个天才的强烈冲击，而震撼的感觉则一直都在他的心里没有消失。他详细地研读了以前被他忽略了的瓦格纳的作品，并认真思考了其艺术作品里所表达的理念，瓦格纳采用了一种方法，可以把诗歌、造型艺术以及和声的分散美融于一体。

通过瓦格纳的理想，尼采看到了德国精神复兴的方向，从此，他那敏感的心灵也开始朝着那个方向奔驰。

担任巴塞尔大学教授

1868 年的一天，里奇尔对尼采说：“我有一个让你大吃一惊的消息，你愿意成为巴塞尔大学的教授吗？”

这个消息确实让尼采感到极为惊讶，因为那时他才 24 岁，资历尚浅，甚至还没有获得毕业文凭。

里奇尔解释道：“威廉，巴塞尔大学向我寄来一封信，在信中他们询问发表在《莱茵博物馆》上那篇出色论文的作者弗里德里希·尼采先生是个什么样的人，他是否能够胜任大学语言学课程教授的职务？我在回信中向他们解释，弗里德里希·尼采先生非常年轻，但他确实已经具备了去做任何他自己选择的工作的能力，他是一个极富天分的年轻人。从目前的情况看，巴塞尔大学对你很满意，应该很快就会发来聘书。”

对于这个消息，尼采一方面感到骄傲；另一方面他又十分难过，因为这就意味着他最后一年自由的时光即将消失了，而他为最后一年制订的学习计划、广泛阅读和旅行的设想也都统统泡汤了。但是，他又怎么能够拒绝这样一个令人倍感荣幸的建议呢？

里奇尔见尼采有着种种的疑虑，因此他必须要先打消尼采内心的疑虑。他一直真心诚意地喜欢着他这个天才学生，他怕尼采迷失在自己过多过好的天性之下，兴趣广泛却浪费了天赋。因此他不断地向尼采重复着同样的告诫：要强大自身就必须约束自身。

尼采理解老师的苦心，所以作了让步。他立即写信给欧文：“不要再想我们的巴黎之行了！我肯定要去巴塞尔大学任语言学教授，因此我不能去了。我这个人兴趣广泛，从今以后，我必须得学会放弃。

去到巴塞尔，我会多么孤独啊，我没有朋友，没有一个人能跟我在思想上产生共鸣。”

考虑到尼采一直以来的优异表现和眼下特殊的情况，莱比锡大学同意他不用经过考试就毕业。

之后，尼采回到了瑙姆堡，几个星期都跟家人们在一起。对于这个结果，全家都倍感欢乐和骄傲：尼采如此年轻就已经获得了大学教授的职位！

可是尼采总是不耐烦地驳斥她们：“这有什么大不了的？只是世界上又多了一个教书匠而已。”

4 月 13 日，尼采给格斯道夫写信说道：

这是我在家里度过的最后的假期，最后一个夜晚。明天一早我就要离开家庭，去投身于这个大世界了。从此之后，我要开始承担责任和义务，我全新的职业生涯即将在沉闷的气氛中开始。

永别了，我那自由自在、无拘无束的黄金时代，那时的每分每秒都纯属于我一个人。艺术和世界就只是纯粹的图景，只存在于我的精神之中。你还记得那首忧伤的学生之歌吧，是的，现在我已经和歌词里所说的一样，变成了一个庸人。

要想得到回报就必须要付出。但是必须要明白，束缚自己的东西是阻止你前进的铁链还是帮助你向上的绳索。面对生活中的未知环节，我仍然有勇气去打破它，我愿意冒着这样或是那样堕落的危险去尝试危险的生活。

宙斯和缪斯垂青于我，让我有机会与众不同，免去流于平庸的命运。我无法想象出自己成为我所不齿的人的场景。我更害怕自己落入成为职业动物的庸俗之中，但只要投入于工作当中，堕落是一件很自然的事情。

我相信这种感觉完全能够毁掉我心中那哲学感的根基。尽管如此，相比大多数哲学家而言，我相信自己能够更为平静地面对这种危险，因为我心中有着哲学家所特有的严肃。

我决不允许自己可耻地背叛自己的思想。我的愿望很简单：我想用这种新鲜血液使我的科学研究重焕青春，并向我的听众宣讲叔本华的真诚，让这位高尚的思想家的前额焕发出异彩。这样的期望很大胆，因为我所要做的不仅仅是老师。

我一直在对我们这个时代老师的职责进行思考，我急切地关心着我们的下一代，这使我十分向往老师这个职业。我们无法逃避人生，因此我们必须忍受然后竭尽全力地去利用它。当我们解脱之日，我们至少还能够告诉别人我们生命中的价值。

尼采到巴塞尔大学履职了，他搬进了自己选定的住所，认识并拜访了同事们。

到巴塞尔后，他给自己的恩师写信说："我的学生时代对我来说是什么？是一种纵横于语言学和艺术领域的自由自在的漫游；因而此时此刻我对您的感激之情异常强烈，直至现在您仍然是我生活中的'命运之神'；我由此认识到您的帮助是多么的必要和及时，正是这种帮助使我从一个彷徨者变为一个恒星，并且迫使我去一再品尝那种烦琐而有规律的工作，那种确实不变的研究对象的乐趣。"

对于以后的教授职业，尼采给自己规定的任务是："以这种新鲜的血液使我的科学研究富于生气；把叔本华哲学的诚挚告诉我的听众，正是这种诚挚使这位崇高的思想家的额头焕发异彩——这是我心中的渴念，也是我大胆的希望：作为一个教师，我要比一个有声誉的学者做得更多些！”

尼采是这样想的，也是这样做的。做学问，教书育人，与自己做人行事立信念，这些合起来应该是一回事情。不过此时他还料想不到，在认真实践自己的想法时，他将会遭受到长期的炼狱般的苦难。

但是这一切并不能抹去瓦格纳在他脑海中留下的影子。

当到巴塞尔三个星期后，尼采和一些朋友们去四郡湖远足。瓦格纳的隐居处特里伯森正在这条河边。一天早晨，尼采离开了朋友们，一个人徒步在河边。

瓦格纳的住处在湖中，那个深入到了湖中的小岬上坐落着一座宁静的别墅和花园，即使站在远处，都能看见庄园里那高高的白杨，瓦格纳的住所掩映在了树木之中，此时大门紧闭着。

尼采站在外面按响了门铃。

在等待开门的过程中，尼采环顾四周并认真倾听，一阵和声传了过来，随即一阵脚步声也传了过来。很快，一个仆人走出来打开了大门，尼采将自己的名片递给了他，仆人走了回去。接着尼采又听到了相同的和声，这和声哀而不伤，在院子里回环往复着。

主人停止了演奏，但又开始了他的练习，忽高忽低的调子从庄园里飘了出来，直至再一次变调，重新又回到了原先的和声。

仆人再一次从屋子中走了出来，他说：“瓦格纳先生想知道来访者是否是他那天晚上在莱比锡见到的那个尼采先生。”

尼采说：“是的，我就是。”

仆人接着说：“那么尼采先生不介意午餐时再来吧？”

尼采考虑到自己的朋友们还等着他，于是不得不拒绝了这一提议。

仆人再一次离开了，等到他再来时，他带回了瓦格纳的一条口信：“那么尼采先生是否愿意在圣灵降临节的那个星期在特里伯森度过？”

尼采欣然接受了。

在瓦格纳一生最鼎盛的时期，尼采开始与他进行交往。这个伟人离群索居，远离公众场合、记者、大众，独自一个人生活。他刚刚与李斯特的女儿结婚，她是个令人艳羡的女子，她继承了父亲和母亲的天赋。

瓦格纳此时正在隐居中完成他的作品：这部作品极其宏大，由连续 4 幕的庞大歌剧组成。

此时，瓦格纳已经完成的作品有《莱茵河的金子》《女武神》，而《齐格弗里德》也在创作中，并已经接近完稿了。在这部伟大的作品中，他慢慢找到了大师的感觉，因为他能够主宰自己的作品并且把整个作品视为一体。

但是瓦格纳却并不是完全地快乐，他的欢乐中混杂着不安和愤怒，他不是那种得到社会精英褒奖就会沾沾自喜的人。他是个博爱的人，他为人类的所有梦想感动着，同时他也希望自己的作品能够观照到所有的人。

他总是期待德意志人民能够跟上他的脚步，他在自己的书中高声呼唤：“帮助我，你们已经渐渐有了力量，但是不要因为你们逐渐的强大而忽略了那些曾是你们精神导师的人们：路德、康德、席勒和贝多芬。我是这些大师的继承人，请你们助我一臂之力，给我一个可以让我自由表达的舞台！我需要愿意倾听并且理解我的听众，去做那样的听众吧！”

那天，尼采第一次走进了瓦格纳的家门，他举止温和，眼神炽烈深沉，虽然他说话紧张，但他的脸上留着长须，满是青春的模样。

而此时59岁的瓦格纳老当益壮、精力充沛、容光焕发，充满直觉、经验、愿望和期待。瓦格纳在会谈中重复了他作品里的思想，并且满怀希望地对尼采说：“年轻人，你也必须帮助我。”

那晚气氛融洽，两人之间相谈甚欢。等到尼采告辞离开时，瓦格纳决定陪伴他沿着河畔散步。

他们一起出了门，尼采感到异常兴奋。他终于实现了长期以来的希望，他一直想找到一个人去热爱、去崇拜、去倾听，最后，这个配做他老师的人终于来到了他的身边。

尼采彻头彻尾地拜倒在了瓦格纳的脚下，他决定全身心地服务于这个孤独而又富于灵感的人，他说：“我愿意为了您去与麻木的群众战斗，甚至是和德国的学院、教堂、议会和宫廷战斗。”

瓦格纳感到非常开心。他从一开始就认识到了这个年轻的来访者的天赋异禀。在交谈的过程中，他不仅仅是给予了尼采非凡的思想，他甚至还能够从尼采那里得到回馈，几乎没有人能够给予他这种乐趣。

5月22日，尼采第一次到特里伯森拜访瓦格纳的8天以后，瓦格纳的几个关系很近的朋友从德国来到了特里伯森，他们是来庆祝他们老师的60岁大寿的。

尼采同样受到了邀请，但由于这时他正在准备自己在巴塞尔大学的首次演讲，因此他不得不拒绝了这份盛情。

此时的尼采急切地想把他业已形成的教育观念表达出来，为此，他选择了荷马的风格问题作为自己在讲学期间的研究课题，这个课题的内容是分析古代学者和喜爱荷马作品的艺术家之间的分歧。

而尼采的观点是，艺术家的判断具有一定的客观性，学者必须要接受艺术家的判断来对这场分歧进行解决。学者们大量引用了历史成果，他们通过考证的方法试图恢复这两部史诗，使得现在流传的文本尽可能地接近原来的内容，但这样的考证不可能解决什么问题。

不管怎样，现在流传的《伊利亚特》和《奥德赛》已经很清楚了，如果歌德选择这样说："这两部史诗是同一个诗人的作品。"那么学者们也无话可说。

尼采在就职演说结束时说：

> 仅仅在几年前，这些绝妙的希腊杰作还被埋在一大堆偏见里面，正是这些学者们孜孜的劳动拯救了它们，为我们保留下了一笔宝贵的财富。语言学既非缪斯也非美惠三女神，他们既没有创造这个诱人的世界，也没有谱写不朽的音乐。但是他们保存了这些艺术，我们必须感谢他们，是他们让这些被人们遗忘、几乎不可辨识的音调再次在人们的耳边响起，这是一个伟大的事业。
>
> 正如从前缪斯降临在那些愚民中间一样，如今这些使者独自走进了这个苦难深重的世界，并且通过艰辛的努力唤醒了沉睡中的诸神，让我们看到他们那美丽光辉的形象，并向我们描绘了一个神奇遥远、幸福安康的蔚蓝色家园，以此来安慰我们的灵魂……

巴塞尔的中产阶级们十分赞赏尼采的演讲，听众大批涌来，聆听这个声名远播的年轻天才教授的演讲。这样轰动的成功令尼采陶醉了，他的思想甚至传播到了另外一片奇异、遥远的蔚蓝色土地——特里伯森。

与瓦格纳亲密交往

1869 年 6 月 4 日，尼采收到了一张瓦格纳的便条："请来我家待上两天吧！我们想知道你究竟是怎样做到的，我还从未在我的德国同胞那里获得过这般的欢欣。赶紧过来拯救我仍然不肯放弃的永久信仰吧！我和歌德一样把这信仰称作是德国自由里面的信仰。"

尼采正好有两天时间的空闲，而且从此以后他就成了这位大师家里的常客。

他写信对朋友们说道："瓦格纳符合我们的所有想象：他具有一颗富有、伟大、高尚的灵魂，他个性强烈，富有魅力，热爱一切知识，他的人品值得所有人对他给予爱戴……不要被那些新闻记者和音乐评论者们所写的关于瓦格纳的任何评论所骗，没有人理解他的思想，没有人有资格评判他，因为他不是以这个世界为基础而生存并且获取成就的，反过来，世界会迷失在他的艺术氛围里。瓦格纳被理想主义、人道主义深深支配着，以至于我觉得自己是在跟一位神打交道。"

巴伐利亚国王路易二世曾经邀请瓦格纳写过一篇短文，但最终这篇独特的论文被视作是蛊惑年轻浪漫的国王而被官员们禁止出版，瓦格纳让这篇文章在亲朋好友间流传开来。

瓦格纳也将它给了尼采，尼采回家之后十分专注地阅读了这篇文章。这篇文章深深地影响了尼采。

1848 年，瓦格纳是个社会主义者，在他看来，自己的错误并不是他曾经拥护人人平等的思想，他的内心渴望美与秩序，如果渴望优越，那么一个人就不可能接受平等的思想。但是瓦格纳却希望人性能够从较低级的奴役状态中获得自由，并且可以在上升后轻易地理解艺术的高度。而现在瓦格纳认识到他在这一点上犯错了。

瓦格纳承认群众的力量，但却认为他们付出的热情是徒劳的，而他们的合作也是心口不一的。他曾经相信群众能够推动文化的进步，如今却发现他们甚至都不能够齐心协力地保持已有的文化。他们心中所牵挂的只是那些世俗的、基本的、暂时的需要。

瓦格纳认为，管理社会可以用与此相同的技艺。想要保证社会得以延续，就必须要利用这种幻觉，而统治者的任务就是要保持和扩大现有的幻觉。爱国主义是这其中最基本的，可以保证一个国家的长治久安，但却不足以保证这个国家能够产生高度的文化。它割裂人性，导致残忍、仇恨和狭隘的思想。它控制着国家君王的权力。

因此，在爱国主义的第一幻觉之外，第二重幻觉，即宗教幻觉，也是必需的，其教义象征着博爱和广泛联合。君王必须要保持这种幻觉在其臣民中的维持。

普通人被这种双重幻觉洗脑之后，就会产生一种自己的人生道路变得清楚，获得拯救的感觉，从而过上一种幸福和值得过的生活。但同时君王和贵族的生活则比较沉重和危险，因为他们是幻觉的源头，因此他们也必须去评判幻觉。生活对他们来说毫无遮掩而言，他们将人生看得清楚并明白人生是怎样一出悲剧。

瓦格纳在给路易二世的信中这样写道："在我看来，艺术是温和的希望之乡，我要将它献给我最亲爱的朋友们。假如艺术不能真正完全地带领我们摆脱平庸的日常生活，那么它至少也要把我们提高到生活本身的制高点。它赋予生活轻松的状态，它使我们放松身心，脱离苦海，让我们在迷醉中得到了安慰。"

1869 年 8 月 4 日，尼采给格斯道夫写信说道："昨天我读了《国家与宗教论》，这是瓦格纳交给我的一份手稿。这篇宏文大论的中心是向他的'年轻朋友'——巴伐利亚的年轻国王解释他对国家和宗教的独具一格的理解。瓦格纳应该是空前的，因为从来没有一个人用如此可敬和更富于哲学味的口吻对自己的国王说话。我感到自己被振奋了，这种振奋源自他心中流露出的叔本华精神。和其他人相比，国王更应当理解生命的悲剧本质。”

9 月份，尼采在德国小住后，重新回到了巴塞尔，他依然重复着巴塞尔和特里伯森两地的生活。

在巴塞尔，他全心全意地工作，学生全神贯注地听他讲课，同事们也和他相处得很友好。他的才智、音乐天赋、与瓦格纳的友谊、优雅的外表和举止为他赢得了某种声望，这里的上流阶层都乐意跟他交往。但在他的心里，最单纯的友谊要比社交的所有乐趣都有意思得多。尼采没有朋友，只有在特里伯森他才能真正感受到内心的满足。

尼采给居住在罗马的欧文写信说道：“我的神殿就是特里伯森，那里就像是我的家一般让我感到惬意。”

尼采一直憧憬的这种生活——同几个朋友一起，过着独立于世、隔绝于世的生活，类似宗教修行，耽于沉思——作为一种理想，一直没有放弃过。只要一有可能，他就试图再次构建这样一个精神王国。到了最后，实在没有别人了，他就一个人孤独地实践自己的计划，虽九死一生而不悔！

从特里伯森回到巴塞尔后，尼采倍感孤独忧伤。这种情绪在写给欧文的信中表现得十分明显，但同时尼采也表达了自己对工作仍然抱有希望：

“我发现几乎没有什么事能让我感到称心，我一遍遍地品尝着孤独的味道。人们总是需要别人的推动，而几乎每个人都会在各个地方被引领。但是当我们充满了灵感之时，却没有人在那里帮助我们，在将灵感付诸现实的艰难时刻，没有一个人可以助我们一臂之力。这是阴沉的时刻，我们只能将那沉重的还未成形的思想放在不为人知的地方，而它却得不到友谊阳光的照耀。我正在成为艺术爱好者中的孤独漫步者，我的友谊有着某种病态的东西。”

在给里奇尔的信中，尼采这样写道：“对我而言，我的学生时代是什么？是在语言学和艺术天空中的畅游。因此我对你怀着异常强烈的感激之情，现在你仍然是我生活中无法迈过的‘命运’。你的帮助非常及时和有用，能够得到自己同行神圣的帮助，一个人的付出就会具有与众不同的含义，他可以享受安宁的睡眠而在醒来之后，明确地知道每日工作中所需的知识。这个领域不存在庸俗和无聊，我感觉像是正在收集着散乱的知识，并将其最终编订成册。”

尼采编订成册的书即是《悲剧的诞生》，尼采在信中阐述的一些观念即是该书里的主要思想。他认为：“只有拥有敏锐的观察力，才能成为真正的历史学家，才能把整个历史视作一个整体来加以考察。”

尼采还在笔记里这样写道，“语言学方面所有的巨大进展，源自独具创造性的观察的结果。”

最后，尼采认为从观察中发现了他的老师瓦格纳的精神。瓦格纳希望复兴悲剧，他将剧院当作重新唤醒了人类心灵诗意的工具。带着“悲剧性”天性的希腊人也有着相似的雄心大志，他们希望通过对神话的复兴来吸引人注意，达到再次提升和拔高他们的民族的目的。

尼采在给格斯道夫的信中说道：“我们的世界正日趋犹太化，大众沉湎于政治和喋喋不休之中，因此他们不能容忍瓦格纳富于理想主义的深刻艺术，在大众中间，瓦格纳就像骑士一样，他与他们格格不入。”

尼采向瓦格纳表达了他在巴塞尔新生发的观念：

> 我们必须复兴希腊文化的思想。我们一直都在老生常谈，但这些被我们经常谈论的东西却都是虚假的。苏格拉底的精明，柏拉图的甜美已经衰退。
>
> 我们应当去研究那些更为久远的年代，如公元前 7 世

纪、公元前6世纪。只有这样，我们才能感受到历史质朴的力量和原始的活力。从幼年时期的《荷马史诗》到成年时期的埃斯库罗斯的剧作，古希腊在长期的探索之后终于获得了它自己的直觉和纪律。

当时的他们和今天的我们一样，相信自然力中宿命的存在，他们也同样相信人类必须要规范自己的德行并创造信仰。他们感受到了悲剧情感，但这种悲观主义却并不会让他们失掉面对生活的勇气……

瓦格纳觉得这个年轻人的想法很有意思，与尼采的友谊也越来越密切。

一天，尼采正和瓦格纳在一起时，瓦格纳接到了来自德国的消息，由于背离了瓦格纳的建议和指导，《莱茵河的金子》和《女武神》都演砸了。这重大的失败强烈地打击了瓦格纳，虽然他早就知道自己的作品不可能为一般的观众所接受，但最终的失败还是使瓦格纳万分痛苦。

瓦格纳那高贵的痛苦感动了尼采，他加入到了老师的创作工作。那时，瓦格纳正忙着为《众神的黄昏》谱曲。他不紧不慢地进行着，灵感好像是从看不见的源泉里有规律地涌动出来的一样。

就在这些天里，瓦格纳还为自己写了一部自传，他将这部自传的手稿交给尼采，并且嘱托尼采将这份手稿秘密付印12本。

同时，瓦格纳甚至还向尼采提出了更为亲密的请求：圣诞节要到了，他要为孩子们准备一出木偶戏《庞奇和朱迪》。瓦格纳夫人请求尼采在巴塞尔帮他们购买一些制作精美的魔鬼和天使的小塑像，以备演剧的需要。她和蔼地说："在我心里你不是个教授、学者和语言学家，你只是个25岁的小伙子。"

尼采接受了请求之后，把巴塞尔的各种小塑像都挑剔地观察了一遍，他对巴塞尔市场上的小塑像都感到不满意，因此他写信到巴黎订购了最可怕的魔鬼和最美丽的天使。

圣诞节时，尼采受邀观看了《庞奇和朱迪》，他与瓦格纳及他们全家一起度过了圣诞节，当时的气氛亲近而又甜蜜。

9月份左右，尼采写信给格斯道夫："这个冬天，我将作两场演讲，演讲的内容是古希腊悲剧的审美艺术，瓦格纳专程从特里伯森过来听讲。"

尼采在演讲中描述了一个不为人知的古希腊，他通过酒神狄奥尼修斯的苦恼及其被引进诗、歌、悲剧沉思的陶醉作为开端，解构了一个被狄奥尼修斯的神秘和狂迷所烦恼的古希腊。他似乎想定义古希腊精神中那永恒的浪漫主义，在他眼里，这种精神从公元前6世纪的古希腊传承到了公元13世纪的欧洲，从未改变过。

在尼采的第二个讲座里，他考察了希腊悲剧艺术的终结。在时间的过程中，古希腊的其他艺术都缓慢而又突兀地消亡了下去，只有悲剧没有衰退的迹象。奇怪的是，在索福克勒斯之后，它就像是经历了一场灾难一般突然消失了。尼采详细讲述并分析了这场灾难，指出整件事的罪魁祸首就是苏格拉底。

尼采大胆地指责了苏格拉底这个在众人心中最受尊敬的人。

尼采声称："这个贫穷的雅典人对古代诗歌发出嘲笑并且抑制了古代诗歌。"

苏格拉底既不像一个艺术家那样著书立书，也不像哲学家一般发表意见。他只是坐在公共场合，给过往行人讲解他那有趣的逻辑，他用自己的理论震惊了他们，说服他们去面对自己的无知和荒唐，并对他们报以嘲笑，强迫他们来嘲笑自己。

苏格拉底蛊惑了柏拉图，并借年轻的柏拉图之口，将大自然的幻觉当作是一种人类理智可以理解的观念强加给了普通人，当时希腊人完全处在幻觉之中，他们安居乐业，对自己的生活感到十分满意。

尼采将这些篇章写进了他的作品《悲剧的诞生》。

尼采对苏格拉底的公然指责让巴塞尔所有的听众都感到震惊。瓦格纳在知道这件事后，在 1870 年 9 月给尼采写了一封热情洋溢却又极其敏锐的信：

就我而言，我要大声地赞扬你的行为，好极了！你已经找到了真理，并用极其准确的语言切中了要害。在这些作品里，你要面对的对手是普遍流行的教条主义谬误。但是我依然对你有些担心，希望你不要一败涂地。

我还要给你一个建议，不要将你惊世骇俗的思想放在你那篇幅短小的小册子中，人们一定不能接受这些思想。你一定得把这些思想整理出来，用一部规模较大的著作来论述。到那个时候，你会最恰如其分地为我们描述苏格拉底和柏拉图那神圣的谬误。

这是两个奇妙的创造者，因此我们在坚决否认他们的时候也必须要带着敬慕之情！这些本质对于世人来说难以理解，当我们考虑这些时，我们平庸的言辞就会膨胀成为赞歌！

而当我们平静下来进行思考时，我们可以看清自己的本身，心中产生我们能够且应当写出一部甚至超越那些大师们的作品的强烈而又清楚的想法。

此时，尼采已经在准备作品的创作，他计划在短时间里将其写出来。2 月，在写给欧文的信中他这样说："我和科学、艺术、哲学的距离越来越近，以至于我觉得自己创作出来的作品是一个半人半马的怪物。"

然而教授的各种工作打断了他的创作。3 月，尼采被正式授予教授职称，他为这个荣誉感到高兴，并全身心地投入到了工作当中。

与此同时，学校还委派他开设了一门高年级的修辞学课，接着他又接受了一份写演讲稿的任务，这篇演讲稿是为了祝贺弗里堡大学的鲍姆布拉赫教授执教 50 周年，并且要用拉丁文起草。尼采一心致力于备课和演讲稿的写作。

而 4 月到来的时候，尼采的工作任务更重了。里奇尔创办了一份名为《莱比锡社会语言学论坛》的杂志，他强烈地希望自己的得意门生能为杂志写一篇论文。

尼采接受了老师要求撰稿的请求，并请求欧文与他一起合作："就我自己而言，我对自己这份新的任务有着强烈的责任感。虽然这项工作会让我在时间分配上穷于应付，但我仍然会全力以赴。这是创刊号，我们必须齐心协力。你很清楚，读者总是会怀着好奇或者恶意去阅读它，所以它必须要做得十分优秀。我已向我的老师承诺要真诚地贡献自己的一份力量，现在我期待着你的答复。"

很快，5 月和 6 月接踵而至。在此期间，尼采的事务非常繁忙，尤其是论坛的事情。圣灵降临节期间，欧文从意大利回到了德国，回家途中在巴塞尔进行了停留。这件事让尼采极为兴奋，他想将自己的朋友介绍给瓦格纳，并将欧文带到了特里伯森。

接着，罗德离开了巴塞尔，继续自己回家的旅途，尼采独自一人留在了巴塞尔。此时过度的劳累拖垮了尼采的身体，他被迫放下工作，躺倒休息了。

在战争中沉思生命意义

1870 年，普法战争爆发，开始时战争的传闻似乎并没有引起尼采的兴趣。他的唯一一种因为大众舆论而产生的不安被他记录了下来：“不要战争，否则政府会因此而变得过于强大。”

这个想法是尼采和瓦格纳在特里伯森谈话之后所达成的共识。

在路易二世统治着的巴伐利亚地区，尤其是德意志南部、莱茵河地区，瓦格纳声名远播，受人欢迎；然而在德意志北部，尤其是在柏林，人们却并不欣赏他，所以瓦格纳不希望有任何战争危机，“那必将会导致德意北政权普鲁士的权威进一步增加”。

7 月 14 日，康复中的尼采躺在长椅上给欧文写信。他谈起瓦格纳和汉斯·冯·布娄，谈起艺术和友谊之间的种种问题：

> 这个消息简直就是晴天霹雳，普鲁士和法国公开宣战了，战争像魔鬼一样降临，我们的文化早已变得庸俗无聊，战争又能给我带来什么呢？
>
> 如今，战争来临，我们所有的抱负都意味着什么？也许这意味着走向终结，天啊，这是多么阴沉的景象啊！大量修道院必将被修建，而我们将放弃自己的信仰成为第一批修士。

尼采在信末写上了“忠诚的瑞士人”的署名。在获得巴塞尔大学的教授资格的同时，尼采不得不放弃了自己的国籍。尼采在这个名字中宣告了自己那超脱的心态：他已经决定去做一个沉思者了。

尼采因瑞士人的国籍而免除了兵役，于是他和妹妹伊丽莎白便一起安静地住进了一个山中客店里。

在那里，他写下了一些论述古希腊抒情性的文章。在文章中他第一次明确对狄奥尼修斯和阿波罗精神下了定义。

也就是在此时，普鲁士军队正在穿过莱茵河并且首战告捷，尼采面对这个消息并没能保持绝对的平静，一想到这次自己没有为这份丰功伟绩去尽一分力，一想到自己幽居在山中远离战争的威胁，尼采便心生愧疚。

7 月 20 日，尼采给里奇尔夫人写了信，在信中他倾泻了占据自己内心的孤独之情："很不幸，历史总是在相似的轨迹中前行，我们看到同一种文化传统被诸如此类的民族战争的灾难所摧毁。我对我自己的碌碌无为感到惭愧，我在炮兵团里所学的东西在这个时候正派得上用场，而我也已经为一场激烈的战斗做好了准备，以防战势出现逆转。你知道吗，基尔的学生全都踊跃地报名参军了。"

8 月 7 日早晨，尼采从报上读到从沃尔特发出的电讯：普鲁士战捷，伤亡惨重。尼采再也坐不住了，他离开隐居地，返回了巴塞尔。在征得瑞士当局的同意以后，他参加了战地医疗队，并前往普鲁士参与战地治疗。

尼采穿过了占领地阿尔萨斯，看到了维桑堡和沃尔特的停尸房。8 月 29 日，他露宿在离斯特拉斯堡不远的地方，那里的战火照亮了漆黑的夜晚。接着他开始向南边的乡间进发，此时普鲁士在那里设了一家巨大的野战医院，来自马斯拉图尔、格拉沃洛特、圣·普里瓦特的伤员都会聚于此，由于人数众多，很多伤员都难以得到及时的护理，只得等着死于伤痛和传染病。

负责人将一些伤员分给了尼采护理，他认真地工作着。他在工作中感受到了一种独特的情感，他对这种救死扶伤的工作产生了神圣的感觉。

这是尼采有生以来第一次不带反感地去看待这些普通的大众。这众多的人，有的被击倒了，有的正等待着冲向战场。尼采敬重这些英勇的战士，他细心地照顾他们，关注着他们的命运。在战争的威胁下，这些人的心中都带有捐躯的神圣情感。他们忘掉了自己，冲锋、唱歌、服从上司、战死。

尼采因无法上阵杀敌而导致的痛苦得到了补偿，他从这些人的身上找到了兄弟般的情谊，这种感情冲动使他激情高涨。

尼采很快便穿过了法兰西。他奉命护送伤员前往尔斯鲁医院。为了躲避车外的寒冷和阴雨，他和另外11个人一起被锁在了一辆货车里，他们在里面待了整整三天三夜。这些伤员中，两名伤员得了白喉，剩下的人都患了痢疾。

尼采在车上回忆起了他非常喜欢的一个德意志的神秘主义者的格言："要到达真理必须要先走最险峻的路途。"

在这趟艰难的旅途中，尼采给伤员们包扎伤口，聆听他们对生活的抱怨和对战争的呼吁。

在此期间，他坚持自己的思考。他意识到，在经历战争之前，自己脑子里面只有书，而现在他却懂得了生活。他在细细品味着这种痛苦的磨炼，从中发现了某种遥远的美。他写道："我也有自己的愿望，多亏了他们，我才能够继续自己的思考，现在我处于极端恐怖的环境之中，和那些伤员们躺在货车上的日子，夜晚很寂寞，我就在这寂寞的夜中探究着悲剧的深渊——幻想、意志、苦恼。"

尼采带着疾病和伤员到了卡尔斯鲁，他被传染上了痢疾和白喉。野战医院一名同事对他进行了精心的护理。等到病情一好转，尼采就立即回到了在瑙姆堡的家。他回家并不是要休息，而是要全身心地投入到工作和思考当中。

尼采给正在法兰西作战的格斯道夫写信说道："是啊，战火改变了我们共同持有的对事物的观念。我和你一样，有了上战场的经历。

在此期间，我坚定了自己的原则，我将保留它们，直至我死去，我目前的问题是身体康复状况不佳。曾经的生活气氛已经被战争带走，我能听到到处都是无尽的哀悼声。”

萨多瓦战役让尼采了解了战争，他从中亲历了战争的魅力。尼采被心中涌出的简单素朴、伟大崇高的愿望所深深吸引，因为他从中感觉到自己与民族之间那深深的联系。他牢牢地抓住了内心这种突发的感情，并将它培养壮大起来：“我感受到了一种爱国之情，对我而言，这是一种全新的感觉。”

尼采不再是从前那个不谙世事的“忠诚的瑞士人”，转而成为了大众的一员，他为自己的祖国而感到骄傲。这场战争改变了他，他对战争怀有着无限的崇敬：“战争唤醒了人们沉睡已久的生命力，让他们的灵魂从睡梦中醒了过来。它迫使人们在理想的秩序中去寻找一种美和责任的秩序，迫使他们去寻找一种新的结局。和平时期那些遭人误解的抒情诗人和智者，在战争年代却受到了大家的欢迎，人们意识到自己需要他们。在战争的压力之下，人性得到了锻造，成为了真正勇敢和崇高的人性。”

尼采此时正饱受着病痛之苦，但他却重新拿起了笔。他在笔记上记下了自己的新思想：“古希腊的艺术是在斗争中锻造出来的，它反映了一个社会的情况。无论是奴隶们工作的工场，还是自由人持枪弄剑的健身房和广场，只有两者相结合才能成就摩得斯岛的女神那展翅翱翔的形象，这些勇敢的人们也只能在悲剧中吸取战斗所需的勇气。”

尼采在他的笔记里，“悲剧的”这个词语不断出现，仿佛是尼采思维的原点，此时他就像一个试图学会新词的小孩，他不断在让自己重复着这个词语——“悲剧的希腊人征服了波斯人，从至高的创造力和理解力层面来看，悲剧人物就是大自然本身，他在耍弄悲哀。”

悲剧的艺术作品—悲剧人—悲剧国家这三个层次也构成了尼采作品中的三个基本部分，他想以《悲剧人物》作为此书的总标题。

选择哲学的道路

终有一天有许多话要说出来的人，他们曾经默默把话藏在心底；终有一天要点燃空中闪电的人，他们必须长时间地做天上的白云。

——尼采

历尽艰难出版处女作

1871年2月，尼采一直都没有从战争的磨难中恢复过来，睡眠也不再听从他的召唤了。他神经方面的控制力开始彻底崩溃，而且这种失调呈现出了急性症状，剧烈的神经痛、失眠、眼病、胃病、黄疸整整折磨了他5个月。尼采把伊丽莎白叫了回来，接着便起程去了卢加诺。

当时，旅游者只能乘车越过圣歌达德山脉，尼采的旅伴马西尼健谈幽默，极不寻常，两人相处得十分融洽。马西尼引用了一句格言："弃绝中道，坚定地活在整体、全部和美之中。"

愉快的旅行对尼采的健康是很有帮助的，到达卢加诺时，他已完全康复了。尼采依然温和而又年轻，变得容光焕发，快乐的激情也被再次燃起来了。

一位普鲁士军官与尼采住在同一家旅馆内，他将自己作品的手稿寄给尼采看，并常常向尼采谈起德意志帝国的命运赋予贵族战士们的使命。同时，战争结束了，欢乐的人群从焦虑中解脱了出来，沉浸在喜悦之中，尼采加入了他们共同欢庆。

尼采给欧文写信说，他常常为一种沉重抑郁的情绪所困扰，灵感使他一天比一天更加深入哲学领域，但他无从知道命运将会把他引向何方。他每一次反省自身，都会发现自己处于一种最和谐的状态之中，一些纷乱的想法纷至沓来，在他搞不清楚真相之前，这些想法是无法安顿的，这令他处于精神上的失眠状态。

4月10日，尼采回到了巴塞尔，他重新整理了笔记，把文章主题限制到了古代悲剧当中，这也是瓦格纳的希望。尼采似乎被太多的念头所缠绕着，他已经开始在美学、历史和政治之间信步徜徉，他需要限制自己，瓦格纳在这一点上帮助了他。这是尼采所完成的唯一一本真正的学术著作。

尼采打算对古希腊人抒情精神的起源进行分析，他用彼此斗争的希腊方式，展示了两个冲突的德国，一个是民主主义者和专家学者的德国；另一个是战士和诗人的德国，人们必须在这两者之间作出抉择。

当和平条约在法兰克福签署时，在内心深处建立了和平的尼采也完成了他的初稿，在他看来，他内心的冲突和外界的民族革命具有同等的重量。

但法兰克福和约并没有终止所有的纷争，法国开始内战。尼采听到卢浮宫被烧的消息时，心情非常沮丧，那些最美的作品都遭到了毁坏，尼采所有的恐惧都得到了证明。他写道："没有等级秩序，文化就不能够继续存在，只有奴隶制才能给社会以力量，社会才能以优雅、仁慈和美作为回报。"

文化是没有国界的。卢浮宫不仅属于法国，也属于世界。尼采对于法国文化真正具有大家气度，从不以狭隘的民族主义角度有任何偏见。在这一方面，他可以说是一个绝对的世界主义者。

就尼采自己而言，可以说兼具欧洲大陆这两大文化之长。德国人多思辨，法国人多文采，尼采既具思辨的深度，又兼有文采的华美。也许正如他自己所说，他不是一个纯粹的德国人，他具有斯拉夫血统，而波兰人是斯拉夫民族中最接近法兰西的人种。

这时，尼采突然想起了布克哈特，并且十分想见他，他去了布克哈特的家，但是布克哈特却已经出门了。尼采就像是一个走投无路的人，徘徊在路上。最后回到家时，他却发现布克哈特正在书房里等他。

这两个人长久地待在一起，隔壁的伊丽莎白透过关闭的房门听到了他们的啜泣声。

尼采在给格斯道夫的信中说道："要是我们带着平和的自负来看待一场反文化战争的爆发，要是我们仅仅把这种错误归咎于那些做出这些行为的不幸者，那我们就错了，当我看到最优秀的艺术作品竟然毁于一旦，生活便在我面前呈现出一片荒诞。"

尼采恢复了原来的生活方式，他每星期都要去瓦格纳家中做客。他察觉到，自德国胜利以来，太多的陌生人拥了进来，打扰了自己原本喜爱的宁静，但瓦格纳却和所有的人都慷慨陈词，滔滔不绝，他认为现在是着手唤醒德国人的最佳时机。

尼采怀着不安的热情加入了讨论，他孤单的灵魂时而为这个圈子所困扰，时而为之惊呆。瓦格纳非但不感到痛苦，反而非常振奋，尼采惊讶之余便是失望，他再也找不到心目中的英雄了。

因为《悲剧的诞生》找不到一个出版商，尼采的努力落空了，他感到这是痛苦的折磨。

10 月初的时候，尼采待在莱比锡，在那里，他见到了自己的老师里奇尔和欧文、格斯道夫，他们一起度过了愉快的几天。但书的命运还是无法被确定，尼采那些神话式的保证不能满足书商的胃口，最后，他不得不写信联系了瓦格纳的出版商，最终得到了满意的答复。

《悲剧的诞生》即将出版，尼采思想的力量一直都受到朋友和老师的承认，他从没有怀疑过这本书会被阅读、理解和赞赏。但尼采从未想到过，公众对此却是无情冷淡的。

尼采为了对公众产生深刻影响，想出了作演讲。演讲作为更为鲜活的武器，是他梦寐以求的。

12 月，尼采在巴塞尔宣布，在 1872 年 1 月，他将作一个名为《我们教育机构的未来》的系列讲座。12 月中旬，尼采陪瓦格纳去了曼海姆，那里正在举行为期两天的瓦格纳音乐会。

之后，尼采回到了巴塞尔的住所，对所有不能够转换为音乐的一切都感到厌恶，对现实感到恐怖，在这种情感的压力下，曾经盘踞在他心头的那些问题获得了更为清楚的认识，去教育人意味着要按照一种品质去塑造他们的精神，即天才之作应当得到保证，至少应当得到所有人的敬重。

跟往年一样，瓦格纳邀请尼采去特里伯森过圣诞节，但是他却谢绝了，他把自己大部分的时间都花在了准备演讲上，他把其创作的《圣希尔维斯特节之夜狂想曲》恭恭敬敬地奉献给了瓦格纳，并希望能够得到他的评价。

1871 年的最后一天，尼采的作品《起源于音乐精神的悲剧的诞生》出版了。尼采把第一册书赠给了瓦格纳，并立即从他那儿收到了一封道贺信：“我还从未读到过一本比你写得更为出色的书，这真是棒极了，我急切地给你写信，因为我被这本书深深地打动了。”

1872 年 1 月 10 日，瓦格纳又写信说：“你刚刚出版了一本无与伦比的书，它迥异的地方便在于深刻的个性，它是带着完全的自信表现自身的。”

1 月 16 日，尼采作了第一次演讲，他的欢乐和安全感达到了极致，他知道这本书受到了来自瓦格纳、欧文、格斯道夫和欧维贝克的称赞，因此丝毫都没有耽搁，便开始了构想他的第二步工作，希望可以发表自己的演讲稿，使之成为一本由《悲剧的诞生》转化而来的通俗读物。

当时德国正准备在一块被士兵征服的土地上兴建新的斯特拉斯堡大学，这激怒了尼采，他质问：“我们的士兵已经征服了法国士兵，但我们的文化已经使法国文化丢脸了吗？谁能这样说？”

几天过去了，除了几个理解这本书的朋友之外，再也没有人阅读和购买这本书，更没有一份评论和报纸注意到这本书。连里奇尔也没有发表意见，尼采写信希望得到他的评价，而他的回信则是严厉的批评和指责，欧文给《文学中心》投了一篇评论，却没有被录用。

尼采写信给格斯道夫说："除了恶意和蠢话，不要再指望什么。但是，正像以前我给你说的，我想在这种乱世中建立起我的思想，并让它流芳百世，我有这样的自信，因为在这本书中首次提到了一些从前被人忽略掉的永恒真理，即使经过了岁月的洗礼，它们也会发出光芒。"

尼采显然没有对失败做好心理准备，因此他感到不安而又震惊。他患上了咽喉炎，这使得他的演讲被迫中断了。

尼采一直都任由那些高尚、微妙，甚至连他自己也都觉得费解的思想在引导自己。尼采重又回到了他的贵族政治理想，他希望建立两种学校，一种是面向大众的职业学校；另一种是精英学校，这种学校面向那些经过精心挑选的优秀人才，他们的课程会一直延续到30岁。

不过，要想把这个理想付诸实施则需要足够的力量，还需要能够和他产生共鸣的听众。而这本书的失败则影响了他实践的进程。

尼采在这段时间的笔记受到了其状态的影响，因此它们呈现出一种零散混乱的状态：

> 目前国家控制着科学，因此掌权的贵族就必须要保持清醒并且控制其内心的完全自由。
>
> 其后，人们将不得不筑起新文化的讲台，接下来便是摧毁学院和大学，建立起审判精神的最高法院。
>
> 未来的文化针对社会问题的理想。美和崇高之必要世界，对社会主义的必要防卫。

尼采最终还是勇敢地放弃了自己的希望，他早已失去了自己的祖国，因此他沉默了。在普鲁士，抒情不可能得到欢迎，而德意志帝国也永远不可能成为那个"美和崇高之必要世界"。

4月30日，新的斯特拉斯堡大学落成了，对此尼采写信给欧文说："在这里，我听到群众的心花怒放，他们的口里满是爱国主义的论调。"

这时，尼采产生了离开巴塞尔，到意大利去待上两三年的想法："我那本书的第一篇书评终于出炉了，我觉得这篇文章写得很精彩。但是我要把它发表在哪儿？是一份意大利刊物《欧洲评论》！这件事情既令人高兴又富于象征意义。"

还有一件事让尼采感到忧郁：瓦格纳将离开特里伯森，准备举家迁到拜洛特。瓦格纳夫人给尼采写来一封信，告诉了他离别的消息："我们将前往拜洛特！别了，亲爱的特里伯森——《悲剧的诞生》的构思地——以及那些令人难忘永不再来的事情！"

尼采赶到了瓦格纳家，此时在他眼前的是满目的荒凉：剩下的不多几件家具被布盖着，散落在各个房间，仿佛是几个世纪前的老古董。所有精致的小玩意儿、小摆设都不见了。窗户没有了帘子，阳光强烈而又粗野地直射了进来。瓦格纳和妻子正在做最后的装包工作，将剩下的几本书扔进最后的篮子里。

对于尼采，瓦格纳夫妇表示了欢迎，并请求他能够给予帮助，尼采立即答应了这个请求。他把瓦格纳的信件、珍贵的手稿都捆进了包裹里，接着又去捆剩下的书籍和乐谱。在做这些事时，尼采突然感到沮丧，失去了勇气。

在特里伯森的一切都结束了，这里已经失去了价值！他曾在这里待了3年，那曾经是出乎意料、激动人心、美妙有趣的3年，而就在这短短的一天中，这些美好的时刻就将全部逝去。现在他必须离开这位他追随至今的老师，忘掉特里伯森的工作。从今以后，为了将来，他只能想着拜洛特。

“特里伯森的时光如此美好，在这里只有安静和沉思、充满工作和静默的时光，同时这里还有一对杰出的夫妇和一群可爱的孩子，他可以和他们在这里进行无休止的愉快交谈——所有这一切都是特里伯森所赐予的。那么在拜洛特，他会得到什么呢？众人会前去那里拜访瓦格纳，他们会随身带去什么呢？”

想到这里，尼采便停止了整理，他离开那堆自己正在捆扎的书籍。客厅的中央还是那架豪华的钢琴，他打开了琴盖，弹了一段序曲，接着便开始即兴演奏。

瓦格纳和夫人都停下了手里的活，认真倾听着尼采的弹奏。一支忧郁难忘的狂想曲从房间中传了出来，在空荡荡的客厅里萦绕回荡。尼采将这首曲子作为献给瓦格纳夫妇的离别曲。

对瓦格纳产生质疑

1872年4月，瓦格纳夫妇离开特里伯森举家迁居到拜洛特。

拜洛特有着传奇的历史，长期以来，这个小城在德国默默无闻，但在18世纪，它闪烁出的摇曳的智慧之光，使它最终蜚声于整个欧洲。众多文人墨客都居住于此。

瓦格纳依然保留着自己建造剧院的梦想，他想把自己的剧院建立在一个安静幽僻的城市，而拜洛特正符合他的要求。瓦格纳剧院的创建工作也立即便开始了，瓦格纳决定在他的生日——5月22日举行隆重的剧院奠基石落成典礼。

对此，尼采写信对欧文说道："这实在是太好了，这样一来，我们又可以再见了。这个时候的重聚将比任何时候的都更加壮观、更有意义，不是吗？"

瓦格纳和尼采一同出席了这个典礼。典礼上聚集了2000名群众，那天天气不好，但是连绵不绝的雨和乌云密布的天空为这场典礼增添了壮观之感。

瓦格纳那些忠实的信徒们站在露天，听凭风吹雨打，观看奠基石的落成。在埋入土里的石块上，瓦格纳刻上了一首自己的诗，接着覆上了第一锹土……

当晚，瓦格纳邀请出席典礼的朋友们听了一场交响乐演奏，演奏中加入了合唱，而他自己也对其中管弦乐的某些片段做了润色，他亲自担任了指挥。德国青年们聚集在总督剧院，怀着虔诚的心倾听了这场音乐会。

尼采希望为瓦格纳而战，但是他已经意识到，自己的天性并不适宜投身到这场以公众舆论为赌注的战斗中，在这场战斗中，最需要的态度便是保持沉默。

尼采早在特里伯森时就已经感受到了一种矛盾和压抑。对于瓦格纳，尼采深感不安，现在的瓦格纳让他感到陌生，在他眼前的不是他曾经深爱的严肃而又纯粹的英雄，而是一个强悍的工人，身上带着野蛮、怀恨、妒忌的缺点。

尼采曾计划和门德尔松的一个亲戚一块儿去意大利旅行，但是为了迁就瓦格纳痛恨门德尔松这个家庭和这个姓氏，他被迫打消了这个念头。

尼采在日记中写道："为什么瓦格纳活得如此多疑，这会让人对他产生不信任感。瓦格纳天生就是个多疑而且专断的人。他已经没有在特里伯森那种高贵自由的态度了，也不会像曾经一样与人从容不迫地交谈。他发出简短的指令，用命令的语气对人们说话。"

尼采计划着去德国北部，在那里去讲、去写、去创建联盟，"把德国学究那鼠目寸光的眼睛无法看到的东西推到他们面前"。

但瓦格纳拒绝了这个建议，他希望尼采发表一篇讲稿，而且一定要用《我们教育机构的未来》这个题目。

尼采察觉到瓦格纳的这种希望多少有些自私，因此他拒绝了。性格暴躁的瓦格纳为此生气地叫道："我们高傲的尼采先生仅仅只想做他愿意做的事情。"

瓦格纳的愤怒让尼采感到悲哀，他从未想过自己的老师是这样的人。他想："又是生病，又是工作的重压，总是用这样的理由来解释！难道我就没有被尊重的权利？难道我就没有自由，事实上都得听从别人的指挥？为什么瓦格纳如此专制而又不讲理？"

正在这时，一本名为《未来的语言学，对弗里德里希·尼采的一个回答》的小册子问世，小册子的作者是尼采在普尔塔学校的同学威拉莫维茨。

格斯道夫告诉了尼采这个消息，而尼采在回信中说道："不用为我担心，对于这种事，我早就做好了心理准备。我永远不会让自己陷于论争的旋涡之中。但这件事唯一的遗憾便是，作者是我的同学。你知道吗，去年秋天，他还友好地来巴塞尔拜访过我。"

实际上，这本小册子是针对瓦格纳的，它模仿了瓦格纳那句出名的套话"未来的音乐"，并对其进行了讽刺。

面对挑战，瓦格纳对此作出了反击，并借这个机会再次邀请尼采发表他的讲演："一个人应当对我们的文化界怀着何种感觉？应该由你来告诉我们德国文化应当是什么，这样才能引导这个新生的民族朝着至高无上的境界前进。"

对于瓦格纳的要求，尼采再次坚定地表达了自己的决心："不论是它们的表达形式还是其中不确定的思想，都令我对这个讲稿一点都不满意。我不想发表任何使我的良心蒙受污染的东西。"

尼采打算用另一种方式表达自己对瓦格纳的信念，他开始写作《一个希望者的话》，但很快就放弃了。

不久之后，尼采重又翻开了搁置已久的古希腊著作，此时由于他作品的原因，许多年轻的语言学家都将他排斥在了学术界之外，因此此时的尼采只有几个学生。但这并不影响他继续教书育人的事业，他给自己很少的几个学生解释了《埃斯库罗斯的献祭者》和柏拉图哲学中的一些章节。

此时，瓦格纳的朋友们常常将瓦格纳的名句挂在嘴边，对此，尼采始终都保持着质疑。在拜洛特的演奏会上，瓦格纳的《成千上万的人互相拥抱》这首合唱曲被演唱了，但是唱歌的人们没有像歌词中一样互相拥抱。

尼采觉得这句话里具有夸张和虚假，古希腊那些野心勃勃的邪恶者，并不总是拥抱，连他们用来表达感情的赞美诗里也从来都没有提到过拥抱。在他们的心中，超过别人才是第一位的，他们的情感被妒忌填满了。

但是尼采欣赏他们质朴的力量和精准的言辞，他写下了一篇名为《荷马式的战斗》的短文。

文章一开始，尼采已经开始远离瓦格纳的神秘主义了：

> 当你谈到人性的时候，头脑中就会出现一种情感的等级，人们通过这个将自己与自然界区分开来，但是自然与人类之间并不存在隔阂。因为“自然的”素质和“人性的”素质是共同成长、浑然一体的。怀着崇高理想的人类永远无法摆脱邪恶的自然。
>
> 人类的激情、行动和作品都是从这些非人性的可怕倾向中生长出来的。
>
> 古希腊人是这些人中最富有人性的，他们保持着残酷和乐于毁坏的心。

这篇文章一气呵成，只花了尼采几天的时间。

紧接着，尼采就开始了一项持久的工作。他开始研究泰勒斯、毕达哥拉斯、赫拉克利特和恩培多克勒的著作。他试图去解读这些真正哲学家的心灵。这样的研究只持续了几天时间，尼采就在一本笔记本上写满了自己的思考。

7 月，《特雷斯坦》在慕尼黑上演。尼采欣然赴约，同时还同瓦格纳的其他许多信徒见了面。在这里他见到了格斯道夫，以及在拜洛特的 5 月音乐节上认识的弗罗琳·冯·梅森伯格。

梅森伯格大尼采很多，已经有 50 岁了，但是她的身上却保持着一种长久的温柔魅力，同时由于娇弱和神经质，她还有着优雅的体态。

在这几天的时光中，尼采和他的新朋旧友们都深感愉快。因此到临别的时候，三个人都对离别感到遗憾，他们向彼此表达了尽快再见的希望。格斯道夫表示了自己愿意8月再次前来听《特雷斯坦》，尼采也再次保证要来这里。

但是到了8月的时候，格斯道夫却因故不能参加，尼采也没有勇气一人重返慕尼黑。尼采写信告诉梅森伯格："当你发现自己站在一种严肃而又深刻的艺术前，却无法和它完成精神的交流，这样的面面相觑是让我无法忍受的。我还是不要去慕尼黑，继续待在巴塞尔吧！"

这时，尼采正在思考巴门尼德的思想，这项有趣的研究弥补了他没有听《特雷斯坦》的遗憾。

梅森伯格将瓦格纳的新闻都告诉了尼采：他刚刚写出《众神的黄昏》一剧，完成了他四联剧的最后一部。梅森伯格还向尼采透露，为了实现修建神庙的目标，她正在尽力说服意大利女王玛格丽特作为支持者的领头人。她叫上了自己的几个来自上流社会的朋友，并经李斯特介绍全部都加入了瓦格纳崇拜者的行列。现在这是一个高尚的联盟。

在尼采看来，梅森伯格所做的一切都带着一种令人不快的、趋炎附势的气氛和过度的宗教情感，但是她的动机却无可指责，她品性高雅、纯洁，并以其纯洁净化了她周围所有的一切。

尼采没有批评梅森伯格的信。但连续工作就使尼采的身体垮了下来，他无法入眠，只得停下工作进行休息。

旅行是尼采放松心情的好方式，在夏天即将结束时，他出发前往了意大利。他来到贝加莫，却没有走得更远。

而此时，梅森伯格正在佛罗伦萨，她告诉尼采："沐浴于其中是很不错的。"尼采在贝加莫不想加入当地的群众，成为阿波罗的崇拜者。在这里他看到的情景千篇一律，奢侈逸乐、过度舒适。他的德国趣味实在无法忍受这里的风气，于是他回到山间，在施普吕根一个低劣的乡村旅店里度过了愉快的几天。

在施普吕根，尼采发现自己可以呼吸着山间的空气孤独地沉思，这让尼采感到很快乐，这种新发现的乐趣就像是一道闪电般稍纵即逝。

不久之后，尼采就离开了隐居之地，带着无忧无虑的心情重返了巴塞尔，回到自己的教学工作当中。

巴塞尔是尼采建立了友谊和生活方式的城市，因此他深深地喜欢着它，也用宽容的心在看待这里的居民。

巴塞尔成为了尼采生活的中心。他写信告诉欧文：

> 欧维贝克和罗门特是我在思想和生活上的知己，是这个世界上最好的朋友。有了他们在，哀伤和愤怒都将不会对我产生影响。欧维贝克的严肃和大度在哲学家中极为少见，他纯真可亲，具有激进的勇气。而这几点，是我和人交朋友所必不可少的因素。

为了哲学奋起论战

1872 年 9 月，尼采回到了巴塞尔。但是，他所有的学生都离他而去了，德国的语言学家们集体排斥他，宣布他在科学研究上的死亡。他们对他进行人身攻击，并禁止他上讲台。

欧文写了一篇书评捍卫尼采的作品，可是所有刊物都拒绝接受这篇文章。欧文对这些拒绝感到不满，于是便修改了文章，将原文改成理查·瓦格纳的一封信，并以这种形式发表了。

尼采对欧文的行为表示感激，并说道："任何人都拒绝看到刊登我的名字。就好像我是个罪人一般。而现在，你的文章终于问世了，它是多么有力而又勇敢啊，是我们团结奋战的见证啊！我的朋友们都为此而感到高兴。我们一定要保持勇敢的信念，我一直对我们向前的道路深怀着信念。我深信，我们将一如既往地忠诚于我们的抱负，提高我们的力量。我坚信，当我们成功的时候，我们将寻找到更远的目标，更加意气风发地面对未来。那些目送我们前进的观众寥寥无几，但这并不会影响我们前进的步伐，但是如果这些人具有批判的资格，那么仅仅是这几个观众就已经足够了。"

12 月初，尼采再次见到了瓦格纳，虽然两人在一起的时间只有几个小时，但他们却相处得很亲密。这短暂的时光让尼采回忆起在特里伯森的愉快时光。

瓦格纳在一封信中谈到这次相聚时表达了这样的愿望：这种美好的时光足以消除两人之间的所有误会，防止他们再度发生争执。

1872 年最后的几个月里，尼采拼命地工作着，他对古希腊悲剧哲学的研究进展顺利，他详细地将成果记录了下来留待以后著书用。

那些了解他性情的人将平静还给了尼采，而尼采也很好地利用了这种方便，在这段时间里，他再次对自己所处时代的很多问题进行了思考并分析了这些行为：

……我们忽视了对印度文化研究中哲学的研究。而在古典文学研究中，面对其中的每一件事，我们都缺乏对其与实际努力关系的质疑精神。

我们无法沉浸下来感受自然科学。我们不会像歌德那样感受到那种和善宁静的氛围。我们缺乏对历史学的热情。总之，所有科学都无法被运用到实际生活中。所谓的研究者并不具备真正的修养。他们只是将科学看作自己谋生的手段罢了。

但是，尼采无法求解，因此心烦意乱，他所质询的正是他自己的生活中所要解决的问题。他最终明白自己永远都不会成为一个音乐家，而且也不能成为一个诗人，他早已放弃了成为这两种人的希望，他缺乏想象力，也没有能力给予一出戏剧以生命。

因此，尼采在一个晚上看清了：自己注定只能成为一个哲学家，而且还只能算是业余哲学家、一个不完美的抒情艺术家。他问自己："既然我唯一的武器只是一个哲学家的思想，那么我能做什么呢？"

接着，尼采回答了自己的问题："我只能去尽力做得更好。苏格拉底并没有创造出可以让谬论禁锢在对话者灵魂中的真理，他的目标只是要成为思想的推动者。他不是一个称职的思想创造者，但却是一个卓有成就的批评家。"

尼采对这种力量的价值和界限作出了明确的阐释："这将是我个人的任务。我要研究同时代人的魂质，并通过权威告诉他们：你们无法在科学和宗教中获得拯救，去找艺术和艺术家吧！未来的哲学家，必将拥有对审美文化的最高审判权，也必将有权对所有离题的枝节进行裁决。"

圣诞节到来之际，尼采回到瑙姆堡过圣诞节。瓦格纳捎信邀请他在回巴塞尔的途中前往拜洛特。当时的尼采工作繁忙，并且身体还有所不适，更重要的是，尼采本能地感觉到此时保持孤独的状态对他目前的沉思更为有利，因此他婉言谢绝了瓦格纳的邀请。

此外，尼采还匿名捐助了一笔钱给宣传机构。保持匿名符合他当时低调的生活方式，他甚至想在巴塞尔建立一个追随瓦格纳的爱好者同盟。

尼采所做的这一切都表明了他对瓦格纳绝对的忠诚，因此当他得知，瓦格纳对他的缺席感到极为不满时，他大吃了一惊。

瓦格纳夫人在给尼采的信中这样写道："我们知道，你留在巴塞尔是为了布克哈特。"

尼采回信对这件事作了解释，但是在解释这件事的时候，尼采依然感到心痛。

在写给知道这件事的朋友的信中，尼采说道："这件事已经平息了，可我还是不能彻底放下。瓦格纳知道我生病的事情，我现在沉浸于工作，需要一些自由。但自此之后，不管是自愿还是被迫，我都会陷入更深的焦虑之中。我都不知道自己已经伤害过他多少次了，这些事每次都让我感到很震惊，而且更要命的是，我根本不知道我们之间为什么会发生这种冲突。"

这桩麻烦事没有影响到尼采的思考。在他全集第十卷中的笔记当中，尼采透露了自己思想的最细微处："我是精神的探险者，我在自己的思潮中漫游，只要思想召唤我，我会随时待命。"

1873 年年初，尼采的思想漫游最为大胆。他完成了论文《论超道德观念中的真实和谬误》，这篇文章在众多文章中显得十分冷静并且出彩。他十分看重诗人建造的幻想世界，在他看来，这个幻想世界远比真实世界重要。

席勒曾经这样说："要敢于欺骗自己，敢于梦想。"尼采采纳了这一建议。尼采肯定，现代人的倾向是要打倒生命，肯定真实！为什么人们会产生这种盲信呢？因为它颠覆了人类更为明智的信条——打倒真实，肯定生命。

尼采在自己的思考中记下了这些教条主义的程式，但他在此基础上继续前进着。

1873 年 5 月初，尼采准备好了所有的笔记，但是当一切就绪，工作刚要开始的时候，他突然感觉筋疲力尽，剧烈的头痛在折磨着他，眼睛不能忍受任何光线的刺激，病痛使得尼采不得不放弃了自己想要做的工作。

短短几天之内，尼采几乎成了一个残废和瞎子。他的朋友欧维贝克和罗门特都在尽力地帮助他。但是他们两个都有自己的工作，因此不能时常照顾尼采。

此时，格斯道夫正在意大利旅行，他有足够的时间。得知尼采生病的消息后，格斯道夫急匆匆赶到了巴塞尔。罗门特的一个朋友，保尔·李也来给尼采解闷。

多亏了这些朋友的善意帮助，尼采才有了和病痛斗争的勇气。他总是在昏暗的屋子里，躺在床上对格斯道夫进行口述，格斯道夫将他所说的都记了下来。

到了 6 月底，这本书的手稿就被送到了出版商那里。

作品完成的时候，尼采的病情已经有所好转。他急切地向往着户外的新鲜空气。伊丽莎白从瑙姆堡赶了过来，将他带到了格里松山地。经过休养之后，尼采的头痛逐渐开始减轻，视力也开始恢复了。

在山地进行休养的几个星期里，尼采完成了样稿的校对，稿件的进展和山地的环境让尼采享受着那重新恢复的力量，但同时愤怒和抱负也萦绕着他。

一天，尼采和妹妹一起去了弗利姆郊区，散步到了一个偏僻的小城堡边。尼采说："这里是一个多么美丽宜人的隐居地啊，如果把我们的世俗修道院建立在这里，那将会是多么的美丽啊！"

伊丽莎白答道："城堡正好待售，我们可以进去参观一下。"

他们走了进去，对这里感到十分满意：花园、视野极为宽广的平台、带雕石壁炉架的大厅。房间不多，但是在尼采看来，这里却根本就不需要这么多房间。

这间可以给瓦格纳，那一间留给老师的夫人科西玛·瓦格纳，剩下的另外一间则可以给拜访的朋友们使用，他们可以经常住在那间房间里。

尼采计划："在这里，我们可以建一条走廊，有了这条走廊，我们就不会受天气影响，可以边散步边交谈。因为我们不用写作，只需要少量的阅读，但是我们却不能缺少交谈。"

尼采再次回到了自己熟悉的梦境，在这里，弟子和老师就像是兄弟一般。伊丽莎白对哥哥的设想也感到很兴奋："你需要一个女管家，我是不是人选?"

伊丽莎白长得太年轻了，所以园丁们都以为他们是在开玩笑。

当尼采康复后回到了巴塞尔时，他的那本小册子已经激起了大量的讨论。

瓦格纳写道："我读了好几遍，诸神在上，你绝对是我的知己，是唯一理解我的需要的人。"

而汉斯·冯·布娄写道："你的小册子简直是晴天霹雳，简直就是当代的伏尔泰，这种东西对我而言是比赤匪或黑匪还远为可恶的魔鬼。"

而其他大多数上了年纪的评论家，都对这位年轻的辩论家予以了极高的评价。用尼采自己的话说，格丁根的埃瓦尔德、布鲁诺·鲍威尔、卡尔·希尔德布兰特，"这些都是最和善的德国人"，都在为尼采说话。批评家在文中写道："这本小册子的出现，让我们看到德国精神朝严肃的思想和理性的激情转向的希望。"

但友好的声音却寥寥无几。这个民族刚刚尝到了征服者的胜利滋味，而尼采这句话却深深伤害了它，因此，尼采必然会收到许多侮辱和粗俗的指责，这个民族甚至给予了尼采背信弃义的骂名。

对于民众的反应，尼采感到非常兴奋。他说："司汤达已经向我提出了建议，因此我将以决斗的姿态投身于社会。"

就在小册子出版后的几个星期里，施特劳斯就去世了。尼采认为自己的作品是杀死了这个老人的凶器，他为这件事感到痛心。

尼采为第一次的论战所激励，他期待着更加深广的论战。他很快就准备好了一组论文，他草拟了《不合时宜的思想》这个总标题，并希望能够将它们发表出来。

第一篇论文的主题由施特劳斯提供。尼采将第二篇的题目定为《历史的运用与滥用》，接下来还有另外的20篇文章。尼采认为，他的朋友们虽然还存在于幻想中，但都会在这件事上给予他帮助。

欧维贝克刚刚出版了一本名为《现代神学的基督教》的小书，在书中，他抨击德国学究及其过于现代的倾向，他认为这种倾向对基督教的存在是一种削弱，而这也严重动摇了早期基督教的不可更改的严肃教义。尼采将欧维贝克的《基督教教义》跟自己的《D. F. 施特劳斯》装订到了一块儿，并在封面上写下了6行短诗：

亲生兄弟双生子，
欢欢喜喜降人世。
目的就是铲除人间恶龙。
他们拥有两位父亲，
同时还有一部作品，
哦，多么神奇。他们的母亲叫友谊。

尼采渴望看到百花争鸣的现象出现，他这样写道："越来越多习惯于英雄主义的人出现了，他们的出现和成长注定就是为了现代观念的论争，他们的出现，使得从前嘈杂和懒惰的文化自此而沉寂。文艺复兴的重担自此落在了这些人的身上。"

可是这件事却没有向尼采希望的方向发展，他的希望最终落空了。他的朋友没能将他所希望的帮助提供给他，甚至连他自己也没有按照计划写出 20 本小册子，他最后留给后人的只有这些作品的题目和几页粗略的大纲。

尼采的手头还有另外一项工作，瓦格纳向尼采发出了一个请求，他希望尼采能够帮他写一封告德国人的呼吁书。尼采接受了这个任务，他开始了草拟工作。他急需欧文的帮助和建议，但欧文向来做事谨慎，因此他拒绝了。

10 月底，瓦格纳追随者的首脑们从各地齐聚到了拜洛特，他们邀请尼采朗读他新写的宣言《告德意志人民书》：

> 我们之所以要大声疾呼，是因为现在大家都身处于危险之中，而你们却还在保持缄默，对此漠不关心、麻木不仁，我们对你们的处境感到忧心忡忡……
>
> 我们现在满怀着热忱，向你们呼喊，而我们寻求和期待的利益也属于你们，那就是德意志民族精神和名誉的拯救和荣光……

尼采在朗读这个宣言时，语气裹挟着威胁并且铿锵有力，等到朗读结束时，会场陷入了静穆当中，没有观众对这个演讲表示赞同。

尼采也陷入到了沉默之中。

最后，终于有听众发表了评价，他说："这个演讲太严肃了，言辞不够礼貌，必须要进行大量的修改。"一些人认为"这看起来和一封修道士的训诫书没有什么分别"。

尼采没有作任何争辩，他默默地收回了这封训诫式的草稿。

所有听众中，只有瓦格纳一人对尼采表示了极大的热忱，他全力支持尼采。他说："不要着急，我们要做的就是再等。不用等多久，他们就会回来，遵从这份宣言的。"

在拜洛特，尼采只待了很短的几天。现在的境况令人绝望，公众们几个月以来一直都在嘲笑这项事业，而现在他们似乎已经把这件事忘得一干二净了。宣传工作被一种可怕的冷淡阻碍了。筹集资金的难度变得越来越大。诸如商业贷款、抽奖等所有计划都被取消了。

瓦格纳的追随者又寄信给德国许多剧院经理，请求各剧院进行一场义演，同时把义演所得的收入用以资助拜洛特，三家剧院都回了信，但都拒绝了这个请求，剩下的则没有回音。

尼采重新回到了巴塞尔。格斯道夫帮助他成功起草了《不合时宜的思想》中的第二篇《历史的运用与滥用》。但是，尼采几乎不再写信，不做笔记，也没有对未来作出新的规划。

帮助瓦格纳取得成功，并为取得成功献出自己的一份力量——这是尼采年轻时的愿望，但是现在这两个愿望却同时破灭了。他四处请求帮助，但却都遭到了拒绝。他收到的答复大多是："你的东西过于严肃，太一本正经了。"

面对这种情况，尼采扪心自问："拒绝到底是什么意思？难道瓦格纳的艺术不是一项神圣庄重的事业？"为此，尼采的心情开始变得忧郁，觉得失去了尊严，他的自尊和梦都破灭了。

摆脱痛苦恢复活力

1873 年的最后几个星期里，尼采窝在巴塞尔的住宅里，深居简出。

1874 年的新年，尼采是在瑙姆堡度过的。在那儿，他和家人在一块儿，家人的陪伴让他恢复了些许活力。他喜欢这种周年纪念日的宁静，这种节日适合进行沉思。

1873 年 12 月 31 日，尼采写信给欧文：

> 看了卡尔·希尔德布兰特的《一个异端唯美主义者的书信》，我感到十分欢乐。这些文字是如此提神！我看得出，卡尔·希尔德布兰特是个懂得阅读和赞美的人，他和我们心意相通，对这个社会充满了希望。愿新一年中社会欣欣向荣，愿我们的友谊地久天长！
>
> 一个人的情感毫无选择，他要么充满希望，要么怀着绝望。我已经将希望永存我心。让我们在新的一年里保持我们的友谊并互相帮助，直至我们走向生命的终点。

1874 年 1 月，尼采重新投入到了自己的工作之中。由于拜洛特出现的意想不到的不幸，尼采开始备受焦虑和怀疑的折磨，他渴望能将这些痛苦一扫而光。

尼采用两行话对瓦格纳艺术进行了历史性的总论：“任何一种伟大的思想都因为其新颖而带有危险性。印象从来都来自于一些孤立的现象，而这些孤立的现象从来都是为了证明自身的正当性。”

在确立了这一总原则之后，尼采开始探讨“瓦格纳是什么样的人，他的艺术意味着什么?”这样本质性的问题。

尼采在自己私密的笔记本中写道：

> 让我们扪心自问，这个时代将瓦格纳的艺术当作了自己的艺术，这种所谓的艺术带着无政府主义的色彩，它是奄奄一息的东西。它建立在邪恶、贪婪、不定型、不确定的基础之上，它虽然披着简朴真诚的外衣，但实际上却是纯粹的自我意识。它暴烈而又懦弱，缺乏崇高性。这种艺术只起到了拼凑的作用，他把乱七八糟的东西拼凑成了一个整体，这个整体依然吸引着现代德国人的灵魂。在反艺术时代里他是肯定并支配着自身的荒唐的艺术尝试，其作用只是以毒攻毒。

尼采的偶像消失了，其本质只是个舞台演员。尼采对此感到愤怒和绝望，他一直都在被这个巨大的怪物所左右着。他曾将自己的青春和真诚的热爱付给这个怪物，但最终却落得个被欺骗的下场。

这些私人性的痛苦可以被忽略，但更为深刻的痛苦则源自尼采的受挫，因为他背叛了真理，所以他觉得丢脸。他曾经天真地以为自己是为真理而活的，而足足 4 年之后，他却恍然大悟，他是为瓦格纳而活。

尼采发现真理已经被自己忽视了，也许在自从他投入瓦格纳的艺术赞美中时，他就已经与真理擦肩而过了。他一直生活在谎言之中，容忍自己迷失于幻象、和谐和语词的魔力之中。

2 月份，《历史的运用与滥用》这本小册子出版了，尼采在这篇文章中将攻击的矛头直指现代人的骄傲——科学和历史，他也在书中评论了人类新近获得的才能，借助于这种才能，他们在内心中重新唤起了过去那些世纪里的情感，虽然这要让他们冒着贬低自己天性之完整并使自己的正直复杂化的危险。

来世之人：行为怪诞、精神亢奋、热血沸腾、不屈不挠。他是书本的敌人，是艺术家。在我自己的理想王国中，我将对那自称“有教养”的人赶尽杀绝，就像柏拉图对诗人的驱逐：这将是我的恐怖主义。

尼采就这样侮辱了上万名“教授先生”，对这些人而言，历史只是满足他们每日吃喝的面包。他们对尼采的惩罚就是这批人对他的憎恨与沉默。所有人都排斥尼采，没有一个人提到他的书。

尼采的朋友们试图为尼采的书找一些读者。欧维贝克写信给自己的学生兼朋友、政治作家、普鲁士历史学家特莱斯克说：“如果你看了这本书，我敢肯定，尼采的这些沉思里有着最深刻、最严肃、最本能的效忠，这种效忠是献给德国民族的。”

对于欧维贝克的话，特莱斯克没有表示赞同：“你的巴塞尔是间闺房，德国民族的文化正在那里备受凌辱。”

欧维贝克则回复道：“如果你看到尼采、罗门特和我，那在你面前的就是三个好伙伴，我们的分歧对我来说简直是一种痛苦。在德国，存在于政治人与文化人之间的误解十分频繁，这简直是一种灾难，也是一种如此不幸的特色。”

特莱斯克反驳欧维贝克道：“碰上了尼采这个疯子，这对你来说是多么的不幸！他的说法是如此地不切实际，而最后他会落得一个强烈的丧心病狂的下场。”

尼采的朋友对尼采的书遭遇冷遇表示了怜惜，他们都赏识这本书。

欧文写道：“这是又一个晴天霹雳，这本书所产生的影响就跟地窖里放出的烟火一样，没有产生任何影响。可是我相信，终有一天，这本书会得到人们的承认，人们会看到作者的勇气和精确。尼采正是以这种勇气和精确提醒我们要直面我们最致命的创伤。”

欧维贝克写道：“我们的朋友所承受的孤绝感越来越多。失去了支撑自己的树枝，那必然会受到伤害。”

格斯道夫写道：“对尼采来说，现在最好的办法就是像毕达哥拉斯一样在5年的时间里不读也不写。一旦在这两三年内我获得了自己想要的自由了，我就要收回自己的产权，并将它送给我的朋友作为避难所。”

尽管这些人对尼采的命运怀着同情和关切，却并不知道尼采的悲伤和孤独究竟有多深，他们更不知道，甚至当尼采跟他们在一起的时候，他的心依然感到孤独。

一场思想革命已经将尼采从这本书中拔了出来，所以这本书的失败对他来说没有什么关系。他写信给欧文说道：“至于我的书，我几乎不敢相信它是我写的。我已然在书中发现了自己的谬见和错误，由此，我直面自己的悲哀和痛苦并否定了它们。”

他对格斯道夫这样说道：“此时此刻，许多东西在我的体内膨胀着，它们看起来十分极端并且大胆。我不知道如果要将它们传达给我最好的朋友们，该采用何种方式。但是无论如何，我都不能以文字的方式把它们写下来。”

一天晚上，尼采和欧维贝克单独在一起，他们谈论的话题正好是瓦格纳的歌剧《罗安格林》，一种突如其来的愤怒袭来，使得尼采痛斥了这部虚假的浪漫作品。

欧维贝克对尼采说出的话感到吃惊。从那一刻起，尼采更加小心翼翼地掩盖着自己的真实想法，尽管在他看来，这种隐瞒是十分可耻和虚伪的。

1874年4月1日，尼采写信给格斯道夫，他在信里这样写道：

我不知道自己是否还具备永久写作的能力。自此以后，我只寻求一点点自由和一点点真正的生活气氛。我对成功的前景感到疑虑重重。这个目标实在是太遥远了，即使我确实成功地达到了这一目标，生命中的大好时光也消耗在长期的艰苦斗争中了。这是我内心中最为真切的恐惧！而一个人完全看清楚了自己的挣扎，这是一种怎样的不幸……

4 月 4 日，尼采给梅森伯格写了一封信，这封信仍然充斥着忧郁：

你带给我如此多的欢乐，我有生以来第一次接到别人送的鲜花，我现在才明白，这些沉默的花能用它们那无穷鲜活的色彩与我们进行交谈。它们提醒我们，这个世界上的某些地方还有生活和希望存在着，光明和色彩一定会普照大地。我们是多么容易丧失这种信念啊！我们应该对肉体上的痛苦感到庆幸，因为它们能够转移我们的注意力，使我们遗忘在别处遭受的磨难。这就是我的病痛哲学，它给予痛苦的灵魂以希望。我将会把积压在心中的一切都一吐为快。也许经过这种全面的忏悔，我们会感到自己获得了解放，即使程度十分轻。

尼采终于开始工作了。他察觉到自己必须回到在自己最初几年里帮助过他的那位哲学家那里。他想把自己第三篇“不合时宜的思想”奉献给叔本华。他给一个朋友写信说道：

如果叔本华“使你不安，给你压力”，如果他缺乏提高你、引导你的力量，如果在他的引导下，你不能穿过外部生活的刺痛到达悲哀的却是欢愉的内心状态，那么你就不能自称已经理解了他的哲学。

他再次回到了青年时代的感觉之中。叔本华对他来说，完全是一首悦耳的歌曲，这首歌是献给那些孤独、勇敢的思想家的。那一刻，音乐填满了他的内心，于是，他停下了手中写作的工作，创作出了一支友谊的颂歌。他给欧文写信说道："我的歌是献给你们所有人的。"

伊丽莎白又来到了尼采的身边，这两兄妹离开了巴塞尔，安顿在莱茵河瀑布附近的乡村里。在这里，尼采似乎回到了童年，寻找到了孩童时的欢乐。尼采的快乐来自自己，因为他成为了他自己。

他和妹妹在一起经常做的活动就是散步、交谈、欢笑、憧憬和阅读。他在读叔本华，还有蒙田。他试图与他们共同生活。

与此同时，尼采还阅读了一个年轻思想家爱默生的作品，爱默生是个预言家，他最精练的语言中蕴含了纯粹的情感。对于这个作家，尼采还有着深深的欣赏，因为这个人与他的理想更为一致。

早在普尔塔求学的时候，尼采就读过爱默生的作品，爱默生的语言对于尼采来说是一个极大的安慰。1874 年春天，他重新发现了这个年轻人，于是将他推荐给了自己的朋友们。

抛弃对瓦格纳的幻想

1874年6月初，尼采完成了《作为教育家的叔本华》这本书的初稿。虽然他几乎已经痊愈，但是他还有别的痛苦。

一天，尼采说对小说及其爱情的单调描写感到厌恶时，有人质疑："还有什么感情有这种可以激发出激情的力量？"听到这个疑问，尼采飞快地回答："友谊。它和爱情一样，能创造出危机，只不过这种危机更为纯净。在友谊中，和爱情一样的痛苦太多了，多得难以描述。"

从1871年6月起，友谊给尼采带来了各种痛苦。

尼采一直深爱瓦格纳，但现在他已经能够纠正自己理智上的错误。他明白，瓦格纳不是一个哲学家，也从未能担负起欧洲教育家的责任。但不管怎样，他在艺术上的造诣十分深厚，他的作品是一切美和欢乐的源泉。瓦格纳能给尼采带来欢乐，因此连尼采自己都无法容忍决裂的念头。

就在瓦格纳最严重的危机到来之际，巴伐利亚国王突然插手，承诺将会承担必要的经济开支，这个决定挽救了拜洛特的事业。为了这个意外之喜，尼采写信给瓦格纳表示祝贺，并随信给瓦格纳寄了一本《历史的运用与滥用》。在这本小册子中，尼采从未提及过瓦格纳的名字，在拜洛特的人都感到震惊。

尼采对妹妹说道："天啦，瞧瞧在他们心中我成了什么人了。"

早在5月22日瓦格纳生日的时候，尼采曾写了一封信向瓦格纳致敬，瓦格纳立即回信，并发出请尼采去"他的房间"里待上几天的邀请。尼采找了个借口拒绝了。

几天以后，尼采写信给瓦格纳。他收到了如下的回复：

亲爱的朋友，你为什么不来看我们呢？
不要将你自己隔绝起来，否则我将不知如何帮你。
我们已经为你准备好了房间。
我刚刚收到你最近的一封信，这封信我们稍后再谈。

瓦格纳的这些努力加剧了尼采的痛苦，他更强烈地意识到他将要失去的东西的价值。尼采第二次拒绝了老师的邀请。

那封由他的信在拜洛特引起的恼怒传到了他的耳边。尼采写信给一位朋友说："我听说人们又在拜洛特为我担心，在他们的眼里，我离群索居、性情恶劣，像一条病狗一样。"

格斯道夫写了一封信给尼采，在信中他请求并敦促尼采前往拜洛特，尼采对这种再三的坚持感到反感，拒绝了这位好朋友的提议："瓦格纳生性多疑，我觉得再引起他的怀疑不是一个聪明人应该做的事。另外，你还得想想，我要忙自己的工作，他们却还不放过我的病弱之躯。事实上，任何人想要束缚我的行为都是不对的。"

然而这些反感并没有持续很久。尼采缺乏与瓦格纳决裂的决心。虽然他拒绝去拜洛特，但是他却在全心全意地对待他和瓦格纳之间的友谊，对此他表示了歉意。

快到 7 月底的时候，瓦格纳的又一个邀请寄了过来，这让尼采无法克制自己的不耐烦了，于是他终于出发了。

正在这时，一个稀奇古怪的念头在他的脑中冒了出来："难道我这样做仅仅只是想获得独立？难道我不是想纠正瓦格纳？"

尼采抱着这种狂热的幻想试图去影响瓦格纳，他想净化他，使他纯净到足以配得上自己对他的热爱高度。他在自己的行李箱里塞进了一本勃拉姆斯的乐谱，但瓦格纳却对勃拉姆斯怀着妒忌，在尼采看来，这种妒忌简直滑稽可笑。

在到达拜洛特的当晚，尼采就把乐谱拿了出来，摆在瓦格纳钢琴上显眼的地方。瓦格纳一眼就看到了它，他立即就明白了尼采的意思，然而他却很明智，一直隐忍不发。然而，第二天，尼采又重复了这个花招。这个举动激怒了这个伟人，他怒火中烧、高声诅咒、大发雷霆，接着，他冲出了房间，“砰”的一声关上了房门。

此时瓦格纳意外地遇上了与尼采同来的妹妹，他突然对自己的行为感到了好笑，于是他便向她转述了这则趣事：“你哥哥硬把那本乐谱放到了我的钢琴上，这是第二次了，走进房间的第一眼看到的就是它！于是我就像一头公牛看见了红布一样勃然大怒。我很清楚，尼采想要的音乐是那个人创作的，他希望我像那个人一样。我爆发了——地地道道地爆发了！”

说完这些话，瓦格纳放声大笑。伊丽莎白困惑地走开了，找到了尼采：“弗里德里希，你到底做什么了？这里怎么了？”

尼采的回答是：“唉，伊丽莎白，瓦格纳并不是个伟大的人……”

瓦格纳对自己的愤怒一笑而过，当晚，他便又和尼采重新言归于好了。但是尼采的想法却有所不同，当他跟瓦格纳握手的时候，他知道自己对面前的这个人已经不再有什么幻想了。他们之间的裂痕越来越深，这离最后的决裂已经不远了。

尼采离开了拜洛特，8 月份的时候他的身体还能勉强支撑，到了 9 月份情况就开始变糟了。但是不管身体的情况如何，他仍在修改《叔本华》的校样。

尼采给梅森伯格写信说道：“从我的书里，我充分认识到了生活的艰难。这种磨难要远远比你看到的艰巨，它更加残酷更加严峻。阳光不再存在于我的生活当中，可我却依然往前，这对我来说，就是巨大的幸福……总之，我迟早会获得自由，而我终将会知道，我们这一代人对自由思想的容忍度到底有多少……当这些纠缠于心的否定和执拗的倾向被摆脱时，我的热情肯定会达到另一种程度啊！”

尼采的心里渴望拥有和行动，但他却必须要面对一个非常乏味的工作和充满各种非难的5年。他在一本笔记本上记下了这样的话：“当一个人到达30岁的阶段时，生活就开始变得越发艰难。我看不到可以快乐的动机……”

10月15日，正是尼采的生日，他在给罗默特的信中对自己的前半生作了总结：“人到30岁就要回首自己的建树并自问能否胜任人生——看来我是能够的！”而立之年的尼采干的活不少：他每星期在巴塞尔大学授课7节，在大学附属中学授课6节，同时还要准备包括古希腊文化在内的公开演讲，此外还有一本接一本的系列论著。

尼采接着写下一部系列论著，但没有完成。于是尼采把它放到一边。在回瑙姆堡过圣诞节期间，尼采没有接着写作，而是在摆弄音乐，把自己早年创作的乐曲翻出来看，还即兴创作新的乐曲。

尼采重新回到巴塞尔，现在他的工作则开始变得更加沉重。他接受了给年轻学生们讲授希腊文的任务。他已经很清楚时间的价值了，对他来说，5年的时间太长，而在大学里的每一小时都会延迟这段时间，他对自己所度过的每一小时都感到痛苦。

秋天，尼采给母亲写信说：“我面前的工作要花掉我50年的时间，因此我必须要牢牢控制住时间。但现在我还要对各方面都进行一番浏览，这便加剧了我的工作量。圣诞节那天也许会很冷。如果我去看你，会打扰你吗？一想到可以在你身边，而且可以获得10天的自由，我就感到高兴。所以我请求母亲在圣诞节给我准备一个乡间角落，原本我应该在这个平静的角落中度过余生，并且在那里写下优美的作品。唉！”

每逢遭遇这种沮丧的时刻，那些同瓦格纳的回忆总是会涌上尼采的心头，他总会想起，与瓦格纳密切交往的那些年几乎是他目前的生命经历中最静谧的时期。此时，瓦格纳的荣光开始再度焕发，公众面对他那巨大的成功卑躬屈膝。而尼采正处在艰难的时刻，他没有沾到老师的荣光，他在胜利的时刻靠边站着。

最后，为了宣泄内心的感情，尼采给瓦格纳写了一封信。瓦格纳回信说道：

> 你的信使我们再次为你的处境而感到了深深的不安，在一生之中，我似乎未曾有过你在巴塞尔大学那样的社交圈，圈子里全是知识分子，可以在晚上的交谈中给你带来乐趣。然而，如果圈子里的人全都患有疑心病，我敢肯定这种社交不会带来太大的好处。我想，你们这些年轻人真正需要的是女人。你应当组建一个家庭，或者创作一出歌剧，这两者的区别不大，结果可能是同样的好或者同样的糟糕。无论如何，我还是坚持认为，在两者之中，结婚比较好。
>
> 你赶紧娶个富裕的女人吧！唉，为什么格斯道夫是如此能干呢！结婚、旅行，用美妙的印象丰富自己！再然后……你就可以创作出一幕歌剧。你的歌剧必须要负有极大的难度。你干吗非要做一个教书匠呢？

瓦格纳预料到这封信的作用不大，但没有预料到它会带来伤害，尼采对自己的行为感到不满，认为是自己惹出了这些温和体贴的建议，但是他还是不能接受瓦格纳在信中说出的话。他认为自己不应该在信里表现出软弱。

尼采《不合时宜的思想》第四篇《我们其他的语言学家们》已经开始动笔，但他很快就放弃了写作，他声称自己放弃的原因是工作的繁重和身体的疲倦。

圣诞节的时候，尼采和母亲一起在瑙姆堡待了10天，在这段时间中，他创作了四声部的《友谊颂》。整个圣希尔维斯特节，他都是在重读自己青年时代的作品中度过的，他沉浸在这种对过去的检视中。

尼采正处在糟糕的环境中，他对自己的思想感到了虚弱和恐惧。格斯道夫和科西玛·瓦格纳寄来了两封信，他们在信里说了拜洛特的情况，而信中的暗示性的语言让尼采感到绝望。

尼采写信给梅森伯格说："昨天，是新年的第一天，但我在这一天却遭遇了恐惧，因为我清晰地看到了未来。活着是一件如此可怕而又危险的事情，那个以诚实的方式获得死亡的人反而让我嫉妒。以后，我要长寿。我的工作并不是能帮助我活到老的满意的生活方式。你要理解这种决心。"

1875 年 1 月和 2 月，尼采一直都很悠闲，处在一种沮丧的状态之中。他这样写道："每两个星期，我大约花 10 分钟创作一曲《孤独颂》，创作的时刻极其罕有，我要在歌中表现孤独的可怕的美。"

3 月，格斯道夫来到了巴塞尔。他的到来鼓起了尼采的兴致，他向朋友口授了一些笔记。

尼采常和欧维贝克和罗门特住在一起，这是他的生活习惯。可这时，罗门特突然对欧维贝克和尼采宣布，他将要加入教会，因此被迫离开他们。

尼采被这个消息惊得目瞪口呆，同时他感到非常愤慨。罗门特从未就这件事和他的朋友们开诚布公地谈过。由于宗教信仰的压力，罗门特已经丧失了单纯美好的信念和对友谊的责任。而尼采却相反，他对友谊一直都抱有崇高的理想。

罗门特的背叛勾起了另外一桩往事，也使尼采理解了在瓦格纳追随者中流传的消息：瓦格纳将要创作一出名为《帕西法尔》的基督教神秘剧。

在所有的事情中，回归基督教是最不能让尼采忍受的事情了。在他看来，这是丧失了人生原则，这是人世间最虚弱最怯懦的事情。

尼采希望罗门特能够回心转意，他试图说服他，但罗门特保持着沉默，对朋友的劝告不作任何答辩，只是坚守着自己的想法。在规定的日期里，罗门特离开了。

4月，罗门特离开巴塞尔去德国就任牧师，尼采和奥弗贝克怀着无可奈何的心情送他。罗门特的心情也是痛苦的，他流了许多眼泪，请求尼采原谅。在火车上，罗门特一遍又一遍地说，自己一生最美好最幸福的时光已经一去不复返了。

乘务员关闭了车门，罗门特还要再跟两位朋友说几句话，想放下窗玻璃，但窗户锁住了。他拼命用劲摇动窗户，脸上露出令人不忍目睹的绝望神情。这时，火车启动了，被分隔开来的朋友们只有默默地哀叹着。这整个场面仿佛是一种象征，让尼采深为伤感。

尼采的难过还包含着一种深深的自责：他觉得罗门特走上这条路自己负有不可推卸的责任。平时他经常向这位性格懦弱的朋友灌输一种教条，使得罗门特因其残酷性而不能承受，更加剧了他的意志颓丧。

这事对尼采的打击非常巨大。他送走罗门特后，就躺在床上不能起来了。头痛持续了一天一夜，剧烈呕吐不止，直至把胆汁都吐了出来。

头痛、失眠、呕吐、内部器官痉挛，这些症状持续了几个月时间，到了7月份才开始缓解。一旦身体状况有所好转，尼采又开始了写作活动。到10月，尼采已经基本完成他的系列论著的第四部。他还在巴塞尔同戈斯多夫和玛尔维达一起，讨论了一个犹太作家保罗·雷的新作《心理观察》。保罗·雷是上一年由罗蒙特介绍认识的，主要搞心理学研究，后来也成了尼采的好朋友。

这次的病是一场大病的预告。被病魔袭击后，尼采被迫离开了巴塞尔，到孤独的山林中静养。尼采对欧文说："请给我带来一些令人欣慰的消息吧，我可以从你的友谊中获得帮助我承受这件可怕的事情的力量。从我的友谊观出发，我确信自己已经被深深地伤害了。我更加痛恨那种跟任何人都保持友好相处的作风，在我看来，这种方式的本质其实是虚伪不实，将来在交朋友这方面我可得更加慎重。”

伊丽莎白住在拜洛特，3 月份，她是与瓦格纳一家一起度过的，此后，她便回到了哥哥身边，她被哥哥当时的状态吓到了，因为对罗门特的悲伤回忆总是纠缠着他。

尼采也在挂念着瓦格纳，他自言自语道：“我曾经经历了怎样的危险啊，我崇拜着这个人，从中感到幸福，我将自己托付出去，结果到最后却发现自己跟随的只是幻象，而且这些幻象都是相互关联的。瓦格纳的理论跟基督教教义几乎没有什么区别。”

一天，伊丽莎白和哥哥在公园里散步，她又向哥哥讲述了发生在拜洛特的事情，这已经是她第十次跟哥哥讲述这件事了，她注意到尼采的脸上有着奇特的神情。她询问他，不断地发问，于是在他长篇大论、滔滔不绝的感叹中，他保守了一年的秘密被泄露了。

尼采突然戛然而止，因为他看到了一个徒步旅行者正跟在后面，监视着他。他一把抓住妹妹飞快地离开了，自那天开始，他一直都处在精神恐惧之中，因为他担心自己的话会传到拜洛特。几天以后，他再次遇到了那个古怪的旅行者，他知道了他的名字：伊凡·屠格涅夫。

奠定现代西方哲学

任何反对大地的人，就是反对你的人，因为你是大地之子。就像树木、鸟儿也是大地之子一样，地球是你的母亲；任何生长在大地的东西都是你的朋友。

——尼采

在理性中坚定信仰

1876 年就要来临了，四联剧的公演时间确定在夏天。尼采听到这个消息后清楚地知道，他必须要作一个决定了。

尼采依然生活在圣诞节和新年的强烈印象中，这无疑加深了他的忧郁。从 1875 年 12 月，他再一次病倒，可能直至新年的 3 月份才能从床上起来，此时他的身体非常虚弱。

1876 年 1 月 18 日，他写信给格斯道夫说道："我现在觉得写作都十分消耗体力，我会尽量写得简洁一些。这是我度过的最悲哀痛苦的圣诞节，我不得不怀疑，困扰我的是大脑系统的疾病，而另一种什么病则给我的胃和眼睛带来了痛苦。我父亲 36 岁时死于脑炎，我很可能也会有这种病……"

在春天快要到来的时候，尼采产生了离开巴塞尔的念头。格斯道夫提出与他同行，于是两个朋友在日内瓦湖边的奇隆安顿了下来。

但是，那里气候潮湿，空气中多少带着电荷，只要天气出现些许变化，尼采的神经就会感到疼痛。更糟糕的是，尼采在那里还深受"燥热风"之苦，这种柔和温热的风使尼采变得消沉，他的疑虑和痛苦情不自禁地便流露了出来。出于对朋友健康状况的担忧，格斯道夫被迫回到了德国。

但是一个人待着，尼采却感觉好多了。可能是天气的转变让尼采开始感觉良好，也许是他倾诉的对象格斯道夫不在身边，尼采收敛了自己的沮丧。他的脾气变好了，而好运气的意外到来使他彻底获得了一段自由的时光。

梅森伯格刚刚出版了她的《一个理想主义者的自传》。尼采在离开时带走了这两本书。他非常喜爱这个50岁的妇女，而且喜爱之情还在逐日增加。她的生存境遇不佳，却对这种生活怀着勇气，她总是展现出美好和善意。她并不拥有非凡卓绝的才智，但是她的性情却豪爽勇敢。

尼采开始只是带着一般的期望去阅读这部作品。然而最终这部作品却吸引了他。这是对19世纪最优美的记载之一，梅森伯格经历了所有的这一切，见证了所有的世故、英雄和希望。

《一个理想主义者的自传》这本书鼓舞了尼采，它让尼采安于人生，重新找回了自信并且恢复了健康。

尼采又前往日内瓦。在那儿他结识了一个朋友，音乐家桑格；还结识了一些法国人，这些法国人因为支持巴黎公社而被政府放逐。尼采喜欢他的新朋友，他喜欢跟他们交谈，尊敬这些有着健全的头脑并勇于自我牺牲的狂热分子。

随后，尼采重返了巴塞尔。他寄出的第一封信是写给梅森伯格的：

> 亲爱的弗罗琳，我从头到尾仔细读了你的书，我被书中的每一页所吸引了。我在你的书中看到了纯洁和爱，这让我印象深刻，永不忘怀。但这没有令我自惭形秽，我从中看到的是你的鼓舞。你轻易地穿越了我的思想，我从你的生活中读懂了我的生活，我轻易地察觉到了我的缺失是什么——它们竟然如此之多！因此我对你的感激要比我对一本书的感激多得多。
>
> 我曾经强烈地希望你近在身边，这样我可以随时向你请教一些问题，你的书感动了我，还解答了我思考中的疑问。你的存在让我发现最严肃的道德主题之一，那就是存在于没有血缘关系的母子之间的爱。它是最崇高的博爱。请赐予我

一点这样的爱吧，请把我看作一个缺乏母爱的儿子中的一个吧！

梅森伯格立即给尼采写了回信："如果我的书真能配得上你信中所描述的欢乐，我会为自己的书而感到高兴。如果我真的可以帮助你，我一定会这样做。等下个冬天来临时，你必须离开巴塞尔，去寻找一个气候更温和阳光更明媚的地方。"

收到这封信，尼采立即回信："今天我只能说出一句话，谢谢你的邀请，我一定来。"

由于找到了一个未来的避难所，尼采恢复了信心和勇气。

几天后，他给格斯道夫写信说道："我已经找回了自己的良心。我发现了一个道理：只有在高尚行为面前人们才会产生敬仰和为之倾倒的行为。妥协？决不！获得巨大成功的保证是永远忠实于自己。在经验中我已经认识到自己所产生的影响，我知道假如我变得比以往更软弱更多疑，我就会陷入枯竭，同时陷入枯竭的还有那些许多同我一块前进的人们的心灵。"

在即将到来的危机面前，尼采需要有这种骄傲。瓦格纳的弟子们设宴款待他，尼采找借口推掉了邀请。他给瓦格纳写了一封充满激情的信。

瓦格纳立即给尼采写了几行热情洋溢的信，他谈到了宴会的情况：大家为他的辉煌事业而干了杯，而他则以幽默的答谢来作答。

尼采被这封信感动了。在看完回信的那一刻，他感到自己是完全自主的，对未来非常肯定。他释放了自己的激情，让自己不再小心翼翼，并用一种放纵的敬意思考着这段经历，权衡着瓦格纳给他带来的欢乐，他希望能够释放这种感激之情。希望幻灭之后，他还可以创作出一本充满激情的书，这本书将是他所写的所有关于瓦格纳的文字中最优美的作品。

这些思想和激发《悲剧的诞生》这本书的思想之间存在着根本性的对立。艺术不再是生存的理由，而是在为生活准备必要的休息。最后，尼采用三行咄咄逼人的句子结束了全书："实际上，瓦格纳并不如我们所愿是未来的先知，他只是对过去作出了解释和讴歌。"

这本小册子一出版，瓦格纳就写了一封信："朋友，你在书中展现的思想实在是太丰富了！你怎么能如此了解我呢？快到拜洛特来吧，在这里待到正式公演吧！"

7 月中旬，排演开始了。那时尼采的身体并不好，但是为了欣赏每一场演出，他还是去了拜洛特。尼采到达拜洛特两天后，给他妹妹写了一封信："我十分后悔来到了这里，至今为止，所有的事情都糟糕透了……星期一我去看了演出，它让我觉得非常不舒服，中途我便退场了。"

但第二封信的到来使她稍稍放下了心："亲爱的好妹妹，眼下情况还不错……"不过信的结语很奇怪："我应该长期独自生活，我要拒绝一切邀请，甚至是瓦格纳的也不例外。他发现我悄悄溜走了。"

差不多同时，她收到了最后一封信："我一定要走，待在这儿真是太愚蠢了。音乐晚会没完没了，让我一直都怀着恐惧，但是我却不得不待在这儿。我无法忍受了，我压根儿就不该来，我要走了，不管去哪里，只要我能离开，这里的一切都是无法忍受的。"

瓦格纳将人们全部征服了，他替他们解决了谜团和令人不安的问题，而人们似乎也安于生活在这种阴影之中。人们从不思考，将灌输给他们的公式狂热地重复着。一些黑格尔的信徒们也来了，瓦格纳自封为他们的第二导师。

叔本华的所有追随者们也都在那里，有人告诉他们：瓦格纳和叔本华自成一脉，只不过他的表达体系是音乐。一些年轻人称自己为"理想主义者""纯粹的德国人"。

为此，尼采不再关注这种滑稽的场面，他开始观察着瓦格纳。瓦格纳春风得意，因为他已经成功了。这个人的满足比大众的满足更加让人震惊和悲哀。

尼采亲身体验并分享了这种狂喜，但同时，他也对这种快乐表现出了同情和妒忌。

另一个事件让尼采感到更加不安。他确切地知道了即将诞生的作品《帕西法尔》的真正意义所在。瓦格纳将要宣布自己皈依基督教。这样，在18个月里，尼采目睹了两次宗教皈依：罗门特多半是因为性格的软弱而沦为了命运的牺牲品；对瓦格纳而言，一切都是严肃的，一切都为了响应时代的需要。

尼采在整个《帕西法尔》中清楚地感到，新的信仰已经不存在了。他察觉到了这种由现代人一手炮制的危险，这些人对自己不自信，以至于轻易落入了基督教的信仰当中，这种信仰强大有力，能够召唤、承诺并能够给予和平。

尼采注视着这些人，打心底对他们的欢乐表示了轻视。这些人已经到达了最后崩溃的临界点，并且是被这位所谓的大师，这位已经将他们征服的骗子亲自引往深渊的。他们中没有一个人清醒地知道，这双强有力的手不久就要把他们带向何方。他们几乎没有宗教信仰，可是他们将立即成为基督徒。

尼采清楚地看到了这一切，这种无意识的生活场景使他感到绝望，这种绝望同中世纪那些神秘主义者在面对社会景象时的感觉一样。尼采想拯救这些处在麻木中的人，用一句话警告他们，用一声呵斥制止他们。但是没有人会听他的。他只好保持平静，掩饰自己那可怕的想法，保留下勇气，观看这场悲剧性的庄重仪式。

但是他还是不能容忍，不久他就支持不住逃掉了。离拜洛特几千米远的地方是波希米亚与弗兰科尼分界线的那片高地，尼采隐居于坐落在树木掩映的森林中的克林根布隆村。

尼采既然已经洞察了瓦格纳艺术的危险，那么他就已经想出了清楚的补救措施。他想起了自己在施泰纳巴德的思考，并再次肯定了当时所作的决定。他想清理往事，抵制形而上学的诱惑，同时放弃浪漫的艺术，保存理性的判断力，像笛卡儿一样，从怀疑开始。

尼采漫游在静谧的林间，他在森林严肃的沉静中听到了训诫："如果我们不能从树林和山峦之中找到坚实而又安宁的精神，那么我们就必将不能平静。安静将被驱逐，因此我们不能懂得幸福，更不要谈获得幸福。我誓将安静还给人类，只有它存在，文化才能生存。"

一旦找回了自己，尼采便重回了拜洛特，他回到拜洛特的那一天，观众的兴致较他走那天要更高。此时皇帝威廉正好在去检阅演习的路上路过了拜洛特，因此他也观看了演出。他整整参加了两个晚上的音乐会，这让瓦格纳增辉不少。这简直轰动了整个巴伐利亚和法兰克尼亚，周围的人们都潮水般涌来向皇帝致敬。

尼采完整地观看完了演出，他沉默地在内心衡量着自己的评语，布伦纳注意到了尼采异常的沉默。

尼采常常在幕间或者下午离开，每个晚会的成功都会增加尼采的忧伤。在瓦格纳创造的英雄中，尼采最喜欢齐格弗里德。他在这个无所畏惧的年轻人身上看到了自己的影子。那时，他还在笔记本上这样写道："我们是精神的骑士，我和鸟儿心意相通，并跟随着它们。"在瓦格纳的所有歌剧里，这是他能够不遗憾地倾听的唯一一部。

帷幕徐徐落下了，交响乐消失在寂静的夜空中，观众们突然一齐起身，爆发出热烈的欢呼喝彩声。当帷幕再次升起时，瓦格纳一个人出现在了台上。他身材瘦小，站得笔直，穿着一件双层胸襟的外衣和布裤子。他用手势示意大家安静下来。场地中便开始变得安静了。

他大声说："我们已经把我们希望展示的一切向你们展示了。如果你们赞同我们的追求，那么你们就到达了艺术的殿堂。"

观众一次接一次地召唤着他回场。尼采注视着站在舞台照明灯中的老师，他没有鼓掌。

他想："他在那里，我的同盟者，我的老师。他原本是荷马，但已经被柏拉图的精神滋养了。"

帷幕最后一次降落了，尼采站起了身，沉默地消失在了人群当中，就像是失事的船骸顺着流水孤独地漂向了远方。

正是在拜洛特期间，尼采下定了决心，同瓦格纳一刀两断。而且不仅仅是同瓦格纳，也是同过去的"我"一刀两断。

尼采逃离拜洛特这段时间，精神活动有如害了一场大病，拿他自己的话来说，就是经历了一个"蜕皮"的过程：昨日之我已死，今日之我诞生。这当然是痛苦的。烦躁，痛悔，无地自容，其对于心灵震撼之强烈，唯有看叔本华的《作为表象和意志的世界》那次可以相比，但比那次深刻得多。这不仅是因为年长了 10 多岁，更因为这次精神的骤变是没有任何外在偶像帮助的，完全是一种自我解放或解脱。

拜洛特成了尼采向瓦格纳最终告别的地方。

在疗养中摆脱工作

1876 年 7 月底，尼采回到了巴塞尔。

他双目疼痛，视力很差，因此有两个朋友前来帮助他。其中一个叫作科斯莱茨，他很年轻，尼采给他取了个昵称叫彼得·加斯特，意思是客人彼得；另一个是保尔·李，他是尼采在两年前认识的朋友，一个才思敏捷的犹太人。

由于朋友的帮助，尼采才得以重新阅读写于克林根布隆的日记。尼采希望能从这些笔记里提取一些东西作为《不合时宜的思想》第二部分的素材。

当时保尔·李刚刚发表了他的《心理学考察报告》，他给尼采朗读了自己的作品。

尼采很欣赏这篇短小的作品。文中在处理思想时表现出的谨慎作风让他钦佩。此外，尼采还作出了一个重要决定，他要到保尔·李及其老师的学校去学习。

9 月，尼采已经申请到了假期，现在他生活中的唯一快乐就是他能够有几个月的时间来摆脱老师的工作。

10 月底，阿尔弗雷德·布伦纳和保尔·李陪伴尼采离开了瑞士。这三个德国人一直走到了热那亚，又在热那亚乘船前往了那不勒斯，此时梅森伯格正在那里等候着他们的到来。

梅森伯格发现尼采情绪很低落，因为他经历了长途跋涉，到达的却是一个喧闹嘈杂、人群缠绕不休的城市，这让他感到十分不快。

然而，到了晚上情况就不一样了。梅森伯格邀请他们乘车去波西利普观光，在那儿可以看到十分美妙的夜色、天空和大地，在无法描

摹的色彩的光晕中荡漾着的大海，这一切就像迷人的音乐一般充溢于心，天地仿佛一曲和声，在这种美景面前，所有不协调的音都消失了。

此时，尼采像孩子一般快乐，他对眼前的景象感到十分惊讶，他容光焕发，完全沉浸在了极度的激动之中，他对自己看到的一切都发出了热烈的赞叹。

梅森伯格已经租了一幢陡峭斜坡上的别墅，陡坡上长满了橄榄树、柠檬树、柏树，葡萄藤也顺势而下，与海波相接。尼采他们住在底楼带阳台的房间，梅森伯格的女仆住在二楼，另外还有一个客厅。

她把客人们安顿在了她预先订好的休养所里，但是此时瓦格纳正住在休养所附近，在拜洛特获得巨大的成功之后，瓦格纳和家人便来到了索伦托进行休养。

虽然经过了长期的工作，此时的瓦格纳依然毫无倦态。他白天在附近散步，晚上和不同的人交谈。

自己的老师以这种方式再次出现了，散步和晚会是尼采无法回避的活动，但是他至少在参与的时候表现出了一丝细微的冷淡。每当瓦格纳畅谈其未来的计划，谈到他即将开始的工作和想要表达的宗教思想时，尼采却与保尔·李一起谈论钱福特和司汤达的话题。

瓦格纳自然注意到了尼采和李的谈话，当时瓦格纳排斥犹太人，同时李也不喜欢他。瓦格纳自以为好心地告诉尼采："和他交往要当心，那个人对你没好处。"

但尼采明显不打算改变自己的态度。他几乎一直都在沉默着，即使被带入了交谈，他脸上那不自然的热情和快乐也传递出了他内心的勉强。梅森伯格不止一次地感到惊奇，她感到，他们曾意气相投拥有共同的神圣秘密，但是现在他在中间“却撒下了混乱和分裂的种子”。

10月即将过去的时候，瓦格纳离开了索伦托，梅森伯格和尼采这才得以有空闲重新调整生活。他们对自己的时间作出了详细的安排：午前每个人都独自工作，中午一起进餐，接着外出散步、交谈，黄昏的时候依然独自工作，晚餐后进行阅读。

尼采和梅森伯格都近视，布伦纳有肺部疾病，唯一的健康者就是保尔·李，他承担了朗读的任务。他要给大家读雅各布·布克哈特关于希腊文化的演讲，另外还有米什莱、希罗多德、修昔底德的一点作品。有时候，听众总是因为自己的问题或者对文章的疑问而打断李的朗读，而最后几乎都是尼采来解决这些问题，打消听众的疑问。

在朋友中间，相处时间长了，尼采性格中那些使人愉快的方面越来越明显地表现出来：他不仅在智力上出类拔萃，而且为人风趣幽默，待人善良友好，平时在外人面前那种不苟言笑、沉默拘谨的面具早已摘下。在严肃认真的精神交流和探讨中，尼采常常开几句玩笑，来消除伙伴们的疲劳和轻松一下气氛。大家都公认他是一个难得的好伙伴。

尼采非常懂得获得快乐的方法，懂得在笑话中寻找乐趣，正是这些笑话扫除了这个小圈子中的严肃气氛。晚上大家在一起时，尼采坐在扶手椅里，扶手椅处在窗帘的阴影之下，而尼采也会为自己选择一个舒服的姿势，桌子上放着灯。

李就坐在一旁朗读，年轻的布伦纳则坐在靠近壁炉架的地方，边听着朗读边帮梅森伯格削做饭用的橙子。

梅森伯格常常开玩笑说：“我们几个人在一起简直就是一个理想的家庭。我们四个人从前素不相识，没有血缘关系，没有共同的经历，但我们现在却完全和谐地住在了一起，保持着自己的个人自由和心灵的完全充实。”

因此，他们很快便草拟了一个计划以补充和扩大这种愉快的经历。

尼采从未放弃过创建那个世俗修道院的古老梦想，这一老一少的希望正好契合，保尔·李和阿尔弗雷德·布伦纳对这个计划也表示了赞同，因此，这四个志同道合的朋友对这项计划进行了严肃的思考。

他们为设想寻找了一个合适的地方，就是索伦托，它不在闭塞的城市之中，而是位于美丽的风景区中。

在海岸附近，他们发现了各种各样由人工扩建过的宽敞岩洞，他们进去查看发现里面竟然还有着类似讲坛的东西，它们看上去完全是为一个演讲家而准备的。大家设想，如果夏天天气闷热时，可以把这里当作教室。他们还构思了学校的计划，这个计划的基础以古希腊为模型。而主要的教学方式则是承袭逍遥学派的互相训导。

尼采对这进一步的计划感到高兴，他写信对妹妹说道：“我关于教育者的学校的理想，或者是你提到的那种现代修道院，理想聚居地和自由大学……我们预计这个机构包括 40 个人，并决定任命你为这个机构里的女校长和行政官。”

初春季节到来时，布伦纳和保尔·李离开了索伦托，只剩下了梅森伯格和尼采两个人。他们互相给对方朗读，但因为阅读太费眼力而两个人的视力都不好，他们放弃了阅读，选择了交谈这种更简单的方式。

梅森伯格向尼采讲到了 1848 年那些崇高的日子，尼采喜欢这些内容，而且尤其喜欢涉及马西尼的话题。

尼采一直记得，在 1871 年 4 月，当他穿越阿尔卑斯山时，他意外地与这位意大利英雄在同一辆马车上成为了同路人。马西尼向他转述了歌德的格言：“永不妥协。完全生活在整体、全部和美之中。”每当想到这个人时，尼采就会想起这句格言。

梅森伯格和马西尼则是在伦敦结识的。她一直钦佩他在指挥上的魄力，在服从时的严格，还有他对每一个同志的热心肠。但是马西尼也为这种谦卑付出了代价，在胜利的时刻，人们遗忘了他的付出，将他一个人放逐了。

马西尼最大的希望就是能够在他热爱的利古里亚度过余生，他隐姓埋名，并在那里了却余生。当他临死时，他一口纯正的意大利语让护理他的医生大吃一惊，因为他一直将他当作是英国人。他向医生说道："你瞧，从来没有一个人像我这样深爱过意大利。"

尼采仔细地聆听了这些故事。他对梅森伯格说："我最敬重马西尼。"

尼采明确地表达了这样的一套生活原则：对人保持中立，不涉政治，保持中产的经济地位，不走显贵者的生活道路，不同自己生活圈内的人结婚，让朋友照顾孩子，排斥任何宗教信仰。

梅森伯格最终明白了尼采的心意。一天，尼采将一堆手稿交给她说："请读一读这些东西，这都是我在树下产生的想法。我从来不会坐在那棵树的阴影下而忽略它的思想。"

梅森伯格读了这些东西，她在文字中发现了一个全新的尼采，这是一个兼批评家和否定者于一身的尼采。她告诫尼采："不要着急将它发表。这需要好的时间，你最好再想想。"

尼采对她好心的告诫报之一笑。

5月初，天气开始变得炎热。尼采变得烦躁起来，他想要离开休养所。梅森伯格想要他推迟行期，至少得从先前的疲劳中恢复过来之后才能离开。

尼采拒绝了这个提议。一旦他下定决心，便立即就要行动，要从那不勒斯乘船去热那亚。

出版《人性的，太人性的》

1877年5月，尼采离开梅森伯格的休养所去了罗森劳埃，他在那里的温泉里接受了一次治疗，但收效甚微，于是匆匆返回了巴塞尔。

9月份到来时，尼采就必须要重新回到教师的岗位，这是他生活的来源，也是他害怕失去的训练。同时，他也承认这项工作无聊得可怕。

曾有人提议，鉴于他对巴塞尔大学的贡献和他的病情，校方可以考虑让他退职，但给予他充足的年薪。于是梅森伯格建议尼采退休，但伊丽莎白却持相反的意见，希望他保留公职。尼采最后采纳了妹妹的意见。然而随着返校的日期越来越近，他的反感也与日俱增。

伊丽莎白来到了巴塞尔，终日陪伴着尼采。一开始，他为妹妹的陪伴而感到高兴，但他马上就意识到自己和她无话可说，她从里到外都成为了瓦格纳的信徒。

尼采喜欢保尔·李，但是由于健康原因，保尔·李还滞留在德国北部，不能前往巴塞尔。他写信给李说："我希望你已经摆脱了可恶的病魔。新的一年即将到来，我衷心地祝福你像现在这样活着，像过去那样活着。我急切地想同你待在一起。我们都因为对方的存在而正确地理解自己，我们总是感到十分默契，我想，我们之间就像那些好邻居一样，当他们同时冒出某个念头时，就会互相拜访，并且常常发现对方也正在向自己走来……什么时候我们才能好好地谈谈人生问题，不是书信交谈，而是面对面的呢？"

12月，尼采再次给李修书一封："每天我都无数次地想起你。"此时，尼采已经写完了他的书。想法从他的脑海中一个接一个地蹦了出来，没有连贯性，他的健康状况十分糟糕，这使得他无法将它们富于条理地编排起来。

尼采渴望写一本简单明了的书，希望这本书能使那些最急切的狂热者冷静下来慎重地思考这个问题。许多“美好的灵魂”围绕在瓦格纳和拜洛特的周围，尼采刚刚从其中挣脱出来，他希望自己能像老苏格拉底一样对这些“美好的灵魂”讲话，使他们意识到自己信仰的荒谬。

他为自己的书取了个《人性的，太人性的》的标题，他详细叙述了写作这本书的目的：“我手中握有火炬，这火光没有燃烧出烟雾。现在我们位于地下的观念世界里，我将要在其中投射一道充满生气的光芒。错误接踵而来，我伸手接住了它们，将它们放到冰上，于是这些观念被冻僵了。‘天才’就冻僵在这里，‘圣人’冻僵在另一个角落，这一层层厚冰之下就是‘英雄’，接着是‘信仰’‘同情’，很明显，‘同情’已经变得越来越僵冷——事实上，这些‘物自体’在任何一个角落都冻着。”

这部作品里满是悖论。尼采炽烈的感情超乎常人，他十分确定自己的工作、使命和人生的崇高结局。尽管这样，他将嘲笑的轻蔑投以了它们。他将科学置于更高的位置，将诗歌放在科学之下，将曾经赞扬过的埃斯库罗斯放在曾被谴责过的苏格拉底之下。尼采说：“这就是那本使病弱者感到震惊的书。”

正是从《人性的，太人性的》开始，尼采达到他的思想的完全成熟期。他让自己最终从叔本华的形而上学、瓦格纳的美学、基督教的信条中解放出来，获得精神上的充分自由和完全独立。

1878 年 1 月 3 日，瓦格纳给尼采寄来了诗剧《帕西法尔》，尼采阅读了这部作品，这使尼采在内心中更好地估量了促使自己和老师分手的距离。他给拜伦·冯·塞利兹写信说道：“我在第一遍阅读后感觉这部作品更像是李斯特而不是瓦格纳的作品。作品中充满了反革新的精神，我深知希腊人和人类的氛围，所以我明白这一切都属于过度褊狭的基督教。就这部作品而言，音乐家的剧作没有超越他的音乐的使命。”

尼采心中依然对这位无与伦比的老师怀有热爱，并且第一次明确地思考了决裂的问题。疑虑和烦恼在他心中不断地增长。

从 1878 年圣诞节开始，尼采就有了更多的空闲，他教师的工作任务没有以前繁重了，因此他每天拥有了更多的自由时间。他利用这个机会每周都会离开巴塞尔，独自在附近地区闲逛。

尼采没有去爬那些高山，他更中意的是侏罗山和黑森林，因为，在这些林木茂密的高地中，他可以回忆起他的童年生活。

两个月过去，尼采仍然没有对《帕西法尔》作任何答复。出版商已经印好了《人性的，太人性的》，等待着最后的出售。

尼采深知，这部作品对独持己见的坚持必将激起拜洛特那帮温顺的人的愤慨。当大家都撕破脸的时候，他会胆怯。他对瓦格纳和公众的反应一样顾虑重重。

但是，已经写了这些文字，尼采永远都不会后悔。这些富有生命的逻辑曾经支配过他的内心，他也很清楚，这相同的逻辑总有一天会引领他走向一种新的激情，而且还会使他习惯于掩饰这些年不断出现的危机。

尼采的脑海里突然蹦出了一个奇怪的主意：可以用匿名的方式出版这本书，只让瓦格纳一个人知晓这部作品的作者是他的朋友兼学生，并理解学生内心对他的忠诚。

于是，尼采起草了一封长信寄给了出版商。

出版商拒绝了尼采匿名发表的提议，尼采只好放弃了这个主意。他最终下定了决心。1878 年 5 月，伏尔泰逝世 100 周年时，欧洲正在准备各种纪念活动，尼采挑选这个日子来作为自己作品的出版日，并将这本小册子作为了对这个伟大作家的纪念。

欧文不赞成这本书的观点，瓦格纳不作应答，但是尼采清楚在这个圈子里，追随者们是怎样评价自己的。他们会说："如果这个拜洛特的漫画家不是个背信弃义的人的话，他一定就是个疯子。"一个匿名的人从巴黎寄来一个小盒子，盒子里装着一个伏尔泰的半身塑像和一张便条："伏尔泰先生的英灵向弗里德里希·尼采先生致敬。"

伊丽莎白一想到自己的哥哥这样一个内心纯粹的德国人，竟然愿意拜倒在这样一个法国人的旗帜下时，便难过地哭了。

尼采的一些朋友对这本书作出了不同的评价。布克哈特说道："你的书让精神变得更加独立。"

保尔·李写信则说："你的书和歌德、爱克曼的谈话录一样给了我如此多的启示。"

除此之外，彼得·加斯特、欧维贝克及其夫人也给予了尼采鼓励和支持。

尽管如此，尼采依然有着深深的挫败感，《人性的，太人性的》没有获得成功。他还听说，当瓦格纳听到这本书的销售量少时曾经幸灾乐祸地说道："哈，哈，你瞧，尼采只有在捍卫我的事业时才会被人关注，否则，没门！"

1878 年 8 月，拜洛特杂志发表了一篇对《人性的，太人性的》进行的匿名评价："德国教授一生之中都得写一本书来帮助自己获得声誉，但这并不意味着遍地都能发现真理，所以有的人就满足于通过证明前人的观点是谬误来博得众人眼球，而且当这个被侮辱的前辈声名卓著时，这种效果也就愈加明显。"

尼采认出了这个匿名的作者——瓦格纳。

瓦格纳这种低劣的批评方式使得尼采深感痛心。他现在想表达对从前的老师叔本华和瓦格纳的态度，只不过现在他想用一种平静和尊敬的口吻进行解释。他已不再需要在一些人面前保持谦恭。在重新思考索伦托的笔记之后，他开始着手写《人性的，太人性的》一书思想的续篇了。

此时，伊丽莎白离开了巴塞尔。尼采度过了一个痛苦凄惨的9月份，他那激动不安的境况令人感到惊恐，因此好多人都在回避他。

尼采试图在巴塞尔召集新的信徒，但是他所有的努力都是徒劳无功的。年轻人无法被他提出的那种不合群的自由所吸引。尼采的一个学生赫尔·沙弗拉去听了尼采的讲座，但他几乎不能理解。

一次课间，尼采正好在赫尔身边，于是他们并肩走了出去。此时天际掠过了轻柔的云彩，尼采说道："这些美丽的云彩飘得真快啊！"

赫尔于是回答道："它们就像保尔·维罗尼斯画中的云彩。"

尼采突然转过头，一把抓住赫尔的胳膊，说道："假期很快就要到来了，我也很快就要离开，跟我一起走吧，我们一起去威尼斯看云彩。"

他的行为让赫尔大吃一惊，当时结结巴巴说不出话来。尼采看到之后，他默默地转过了身，面如死灰，沉默地走开了。

与瓦格纳的决裂给尼采带来了巨大和持久的痛苦。

1879年2月，伊丽莎白写信给科西玛·瓦格纳。科西玛回了信，信中用了一种庄严、温和且又坚决的语气："不要在我面前提起《人性的，太人性的》这本书。在给你的这封信中，我只愿回忆的是，你的哥哥曾经为我写了一些篇章，至今为止，我都认为那是最优美的……我对他没有怨恨，他已经被痛苦击垮，失去了自控力，只有这一点可以帮他开脱罪过。"

她接下来却又说："现在不用认定他目前的作品，我反对这种认为它们只是代表着心灵寻求自身的阶段这种说法，这几乎和贝多芬所说的话类似：'在我的第三种风格中去看我。'而且，一个人在阅读的时候就会看出作者本人的怀疑，那么这部作品仅仅是没有动力的诡辩，只会引起读者的同情。"

1879年，尼采发表了《人性的，太人性的》一书的续篇《杂乱无章的观点和箴言》。认识尼采的人回避了这篇文章，他们不再排斥尼采，反倒开始同情他。因为尼采的健康正在恶化，他终日被头痛、胃病和眼疾折磨着。就连医生们都在为他们无法确诊的症状和无法治愈的病人感到不安。

尼采凭借直觉猜到了医生们的恐慌。彼得·加斯特在威尼斯等着尼采，但是尼采因为身体原因被迫放弃了这次旅行计划，他只能待在自己在巴塞尔门窗紧闭的房间里。欧文和格斯道夫曾将希望放在尼采身上，而尼采的健康状况令他们感到大为震惊，他们写信问欧维贝克："听说尼采的病无法挽回了，这个消息是真的吗，告诉我们。"

欧维贝克回信道："唉！他的状况简直糟透了。"

尼采的病情甚至让瓦格纳都深受震动，他写信给欧维贝克说道："我无法忘记他，这个以如此激烈的方式与我分手的朋友。我非常清楚，如果一个灵魂被如此的激情所折磨，那么要求他合乎常情地进行思考是不恰当的。一个人必须对这种异常的行为保持沉默，并对这个人心怀同情。我冒昧地请你把我朋友的消息写信告诉给我。"

欧维贝克和他的妻子悉心照顾着尼采，他们写信给伊丽莎白，向她描述了尼采的病情并告诉她，她应当在哥哥身旁。伊丽莎白接到信立即赶了过来，她一时之间几乎没有认出哥哥，这个一年之间老了10岁的佝偻、衰竭的人。而尼采只能通过手势表达对她的到来的感激。

辞职归隐疗养身体

1879 年，这年圣诞节尼采一个人在巴塞尔度过。新的一年开始，他的健康状况越来越恶化，剧烈头痛、眼痛和呕吐经常连续发作，难以忍受。

2 月 17 日在给母亲和妹妹的信中说："我的眼睛糟糕得使我无法再教课，头痛的情况就无须再提了。"他不得不一再要求休假，停止教学工作。

3 月，尼采继续养病和接受治疗，他去了日内瓦。在给家人的信中他诉说了自己的痛苦："我的生活与其说是力图恢复健康，不如说是饱受折磨。我所想的就是'但愿自己是个瞎子'的傻念头。因为我本不该再读书可不能不读下去，正如我现在理应让大脑休息却总是苦苦思索一样。"

4 月，回到巴塞尔，视力进一步恶化，几步路以外的东西都无法看见。同一个女子结婚的事情现在没有任何可能了，只剩下最后一条路来挽救他的身体健康：辞去巴塞尔大学的教职。

5 月 2 日，尼采提出辞呈。

6 星期后，巴塞尔大学以真诚的惋惜之情免去了他的职务。他们高度评价了尼采的成就和贡献，每年给他 3000 法郎退休金。尼采最后讲的两次课是"希腊的抒情诗人"和"柏拉图研究导论"。

尼采的健康状况越来越糟。头痛、胃病和眼疾一刻不停地折磨着他。奥弗贝克给询问情况的洛德、戈斯多夫回信说："他的情况真令人绝望！"

尼采渴望去最偏僻最安静的地方孤独终老，于是，6 月底伊丽莎白把他带到了恩加丁人迹罕至的山谷间。

尼采在这里他的感觉要好一些。这里海拔高达1800米，气候凉爽，空气清新，环境宜人，是一个可以长期居住的地方。在这里待了两星期后，他在信中说："我病得很厉害，已经卧床4天了，每天都有痛苦难受的时刻。尽管如此，我比在任何别的地方都更能顶得住。我觉得，仿佛我长期寻找的地方终于找到了。我现在根本不再去想什么'好转'，更不用说'康复'了。现在只要能够'顶得住'就很不错了！"

这里几乎空无人烟。群山起伏如同大海的波涛，在浓密的树林深处是一个绿色的小湖。周围怪石嶙峋，眼前偶有牛羊在悠闲自在地吃草和漫步。

太阳的强光透过层层树枝树叶的过滤，洒到这幽静的大地时，已变得分外柔和和朦胧，特别适合于尼采那病弱的双眼。偶有点点落日的余晖洒落在不远处，使附近的一切处于半明半暗中，仿佛一个现代人在向古老的历史凭吊，给人一种苍茫、肃穆的感觉。

这个瑞士的偏远之地让尼采得到了意想不到的慰藉。那儿的空气轻盈纯粹，草原的光线柔和宜人，星罗棋布的湖泊让尼采感到欣慰，它们令他想起了芬兰，尼采也喜欢那些村庄和善良的农民。他感到与他们之间有着共同之处。

尼采开始康复，他几乎和朋友们断绝了书信的往来，只给自己写点儿东西。他在恩加丁一直停留到了9月初，尽管这儿的物质条件极差，又没有朋友在身边，但书籍和音乐依然让他感到很满意。

没过多久，尼采就将自己平静的思想记满了6本练习本。这些思想中，一种意想不到的沉迷将痛苦调和了。他很高兴自己在彻底垮掉之前还可以诉说，有对事物、人性、高山和天空作简单沉思所获得乐趣的机会。

尼采将自己在这里完成了的作品寄给了彼得·加斯特，并说：

“我自己的作品业已完成，我十分高兴，或许你能体会到这种心情。我很快就要到36岁了，几千年前人们就说这个岁数是‘生命的中午’，但丁在这个年龄时正富于想象。因此，我觉得自己已经垂垂老矣，我已经吐出了一大滴油，它将是对我生命的交代。

“至今为止，我的情绪还不曾为频繁而又剧烈的疼痛所改变，相反地，我现在处于最快活、最温和的极端。请从头到尾认真读一读这部最新的手稿，看看文字里面是否还流露出痛苦和沮丧的痕迹。我认为是没有的，我肯定，一定还有着某种潜伏的力量存在我的思想里面，这一点和那些反对我的人预料的不同，我想他们更愿意看到的是一个没精打采和软弱无力的我。”

在这一时刻，尼采已经做好了迎接死亡的准备。他的心中又涌出了一种虔诚的感情，他想到了自己的家庭。

他在给加斯特的回信中说道：“我不会来，虽然欧维贝克和我妹妹都催我与你再聚，我还是不会去。我认为，在现在的这种情形下，更合适的做法是与自己的母亲、家庭和童年时代遗留的东西离得近一些。”

尼采希望在瑙姆堡享受一种完全平静的生活，他想通过一些体力活来分散自己的思想。他租下了一座古老的城堡里的一间大屋子。

在那里，连高墙都十分古老，它的下面延伸着一片空地，尼采将这些空地出租给了别人，剩下的则自己耕种。但是，这里的冬天非常严酷，尼采的眼睛无法适应耀眼的雪光，而他虚弱的身体也抵挡不住潮湿的空气，在瑙姆堡只待了短短几个星期，他在恩加丁短期休养获得的健康又重新丧失了。

此时，加斯特修改了《漂泊者及其影子》的样稿并将它出版了。欧文给尼采写了一封信：“在看了你对人性的清晰而又不动心的观察后，让我们这些爱你、听从你的每个字的朋友感到痛苦。”

1879年12月28日，尼采在回信中写道：

谢谢，亲爱的朋友，我将你和我多年的友谊铭记于心。这是我在这个圣诞节收到的最珍贵的礼物。我的身体又变糟了，痛苦又开始折磨我，我必须要忍耐、禁欲，对此，我自己也深感吃惊。

尼采将这种痛苦视作了一场考验，他认为这是对他精神的磨砺并最终安然地接受了。尼采在病中发现了一个明确的真理——病人没有权利做一个悲观主义者，尼采不信仰上帝，失去父亲，没有信仰，没有朋友。他所有的精神支柱都源自他自身，而且他从不屈服。痛苦无法压倒他，相反，他从中获得了教育，并且激励了思想。

尼采感到了死亡的威胁。1880 年 1 月 14 日，尼采想将自己最后的思想暗示给某些朋友知道，他写了一封带有诀别书性质的信给梅森伯格："亲爱的朋友，我的姐姐，我虽年纪轻轻，但已经垂垂老矣，请你接受一个年轻老人的致敬，对他来说，虽然他想过死，但生活并非是残酷的。"

19 世纪 80 年代第一春，正像复苏的万物一样，尼采并没有真正死去；病情在慢慢缓解，天气也渐渐变暖。他又一点一点地活过来了。好朋友保罗·雷来看望他，为他朗读，进一步激发了他的生之欲望。

尼采最终活了下来。保尔·李来探望他，给他朗读，李的探望成功地分散了尼采的注意力。天气转暖，那些会模糊视力的积雪也融化了。加斯特从去年到现在一直都住在威尼斯，他再三写信邀请尼采前往。2 月中旬，尼采发现自己的身体正在好转，他前往威尼斯的好奇与愿望也重新复苏了。于是，他便立即动身了。

尼采在加尔达湖边的里瓦待了一个月，这期间他写信给亲人告诉他们自己的健康状况正在好转，这让他的家人获得了希望。

3 月 13 日，尼采到达了威尼斯，他的身体开始复原，而潜伏在他身上的危机则结束了。但是意大利的气候有点儿闷热，这并不适宜他的身体，而且他也无法接受那儿过于温柔的和谐。

尼采是第一次来威尼斯，他立即被这个地方的魅力征服。古希腊传统——荷马、泰奥格尼斯仿佛仍然体现在这座城市之中。尼采以前只是从书本上、文字上了解这一切，而现在是从直观上、活生生的人和物中感受着历史。这给了他一种全新的视野。啊，威尼斯，这真是太好了！

加斯特一直细心照顾着尼采，他陪伴尼采散步，为他朗读书籍，甚至弹奏尼采最喜爱的曲子。这段时间中，尼采钟爱肖邦，因为他从肖邦的狂想曲中发现了一种自由无畏的激情，这在德国艺术中十分罕见。

除了作为朋友之外，加斯特还成了尼采的秘书，他让尼采恢复了工作的热情，尼采每天向加斯特口述自己的思想，还马上为自己的新集子选了一个《威尼斯的阴影》的名字。

顽强生命再现曙光

1880年，尼采在威尼斯一直住到6月，其间他还到法兰克福、海德堡一带旅行。在这期间，包括在旅途中，他都不停地在写他的新书，完成了第一部分的写作。

威尼斯是美的象征。它独一无二，这种物理的奇迹只能用精神的征兆来作答。叔本华曾经说过：生命的本质是一种纯粹的生存意志，每一个人都渴望长寿。尼采想，也许我们可以在此基础上进行拓展，生命一直渴望着延伸和超越。它不要求保存而要求增长，它的本质是一种征服和提高。他觉得自己已经无限地接近答案了，面前是一个未知的世界。

到了6月下旬，天气变得十分炎热，尼采不得不离开威尼斯，转移到地势较高的恩加丁山谷，在那里住了两月，写作新书的第二部分。这期间他给加斯特写信说："我似乎已经成了一个完全在地下工作的人——此刻，我觉得自己好像已经找到了一条通道，一个洞口；我就这样成百次地坚信，然后又成百次地失败。"

7月，尼采前往马林巴德尝试了温泉治疗。他停留在一个坐落在森林对面的小旅馆里，终日都在森林里面散步。他全神贯注于思考，怀着极大的热情去挖掘自己的精神宝库。现在，他似乎已经找到了通道和出口，无数次地坚信能够出去，但又无数次地感到失望。

9月，尼采回到瑙姆堡，探望母亲和妹妹。她们发现尼采的精神很好，谈兴很浓，全身洋溢着生命的活力。他和家人在一起度过了近年来少有的愉快时光。伊丽莎白在尼采的脸上看到了久违的欢乐。

回想起年初那痛苦可怕的情况，这一家人感到恍如隔世。

不过尼采没有在家中待很长时间。10 月上旬，瑙姆堡恼人的大雾使尼采感到不适，不敢再待下去，于是又辗转旅行，来到热那亚。

10 月 8 日，怀着对雾的恐惧，尼采移居到了意大利，他停留在马焦雷湖岸上的斯特伦萨。但他的神经受到了那里气候的影响，再一次被扰乱了。他也再一次意识到了外界环境对他的控制很大，他对这种情况感到了恐惧。他认为自己的第一要务就是要获得健康，于是他离开了斯特伦萨，前往索伦托。

尼采途经热那亚时，对这个地方一见钟情，那儿的人民充满了活力、简朴而又快乐。虽然已经是 10 月了，可那里还是和夏天的气候一样。那些矗立在小街上的坚固的宫殿让尼采感到欢喜，这是为了纪念那些天性不受任何道德约束的海盗船上的商人。尼采是个富于想象的人，而这些宫殿让这些人在尼采的心中得以复活。

这些人正好帮助尼采压抑心中一直燃烧着的浪漫主义幻想。他和卢梭一样，十分渴望回归自然。尼采想在这种天性中求得治疗灵魂的疗药和帮助其成长的养分。

尼采想待在热那亚，他好不容易为自己找到了一个理想的住处。他为自己选择了一个阁楼，需要爬上 104 级的楼梯，阁楼里面有一张舒适的床，而对面则是一条陡峭难行的小路，平常人迹罕至，野草长在铺路石间。

尼采现在的生活像他自己的住房一样简单，这是他很多梦想中的一个，现在实现了。他过去常常对自己的母亲说："普通人如何过日子？我也想尝试一下。"

每次听到这句话，他母亲就会大笑："他们以土豆、肥肉、劣质咖啡和酒为生。"

邻居们生活节制，尼采效仿他们，吃住简单，这样的生活让他思维敏捷。他向房东借了一盏酒精灯，并且在女房东的指导下，学会了烹饪意式煨饭、炸洋蓟。

尼采在这幢楼里非常受欢迎。每当他头痛发作的时候就会有很多邻居关切地前来看望。

晚上，为了休息那疲倦的眼睛，尼采就会熄灭灯火，伸展四肢躺在房间里。邻居们看到后都想："这个德国教授真穷啊，穷得连蜡烛都买不起。"有人还主动上门送蜡烛。

对于这些好心人的行为，尼采表示感激，微笑着向好心人解释了自己的境况。邻居们称呼他为"圣者，小圣人"。

他深感欢喜。他这样写道："我想，如果我们中的一些人被放到6世纪至10世纪的半野蛮状态中，那么他们一定会被那些人当作圣徒一样去尊敬，而他们崇高的原因仅仅是因为他们有节制、有规律、善良而又清醒。"

尼采对每一个健康的日子都感到惊讶，这便给这个正处在康复期的病人带来了特有的快乐。

每天早上醒来的时候，他就从床上一跃而起，穿上衣服，往口袋里塞进一本笔记、一本书、一些水果和面包上路。

太阳一升起，尼采就来到海边，找一块靠近海浪的幽静的岩石，撑起一把伞，然后躺在岩石上一动不动。他的眼前只有大海和纯净的天空，别无他物。他会花很长时间待在那里，直至黄昏的最后时分。他那双衰弱的眼睛很适合这种时光，眼睛能够享受到这一点儿乐趣对尼采来说也是一种幸福。

这儿的大海可以让尼采忘记城市。辽阔的大海伸展着，苍白发光，沉默无言。傍晚时分，天空在辉煌中闪闪发光，红的、黄的、绿的色彩变幻着。海也沉默无语，那些凸入大海的悬崖峭壁也沉默无语，它们就像是想要寻找到最孤独的所在。

尼采无数次赞美过这种时光："在那时候，就连地位最卑微的渔夫们也划着金色的船桨。而我在这时光中花了一天的时间采集果实，在本子上记下了那些新产生的想法，用文学性或音乐性的语言把它们表达了出来。”

他重新开始了自己在威尼斯的研究：“什么是人类的活力？其愿望的最终目的是什么？怎样解释其历史的混乱和习惯的困境？”现在他寻找到了答案，那推动人抵抗自己的力量都源自一种残酷而又野心勃勃的力量。

为了引导它，尼采不得不仔细分析和解释了这一力量。这就是他给自己提出的问题，而且坚信总有一天会解决它的。他乐于将自己看作伟大的航海家，或者是那个手握测水缆，在珊瑚礁丛航行达 3 个月之久的库克船长。

在 1881 年这一年，尼采心目中的英雄是热那亚人克里斯托夫·哥伦布，哥伦布曾经写道：“……也许终有一天，太阳会向我们指明答案：我们也在向西前进，希望到达一个前人从未到达的印度，然而命中注定我们将灭绝在茫无涯际当中。否则，我的弟兄们，否则？”

尼采喜欢这段抒情文字，作为颂歌，他将它置于书末，他这样写道：“从前有哪一本书是用‘否则’来结束的呢？”

1 月末，尼采完成了自己的作品，手的神经质和极差的视力让他无法誊写手稿。于是他把手稿寄给了彼得·加斯特。加斯特在 3 月 13 日誊写完手稿，将它正式交给了出版商。出版商读了原稿，但是却没能搞懂，他表示对这部作品没有任何兴趣。

4 月，尼采仍在热那亚固执地等待书的校样，他想要通过这部作品让朋友们大吃一惊。他写信给妹妹说道：“好消息，我将出版一本新书，这是一本决定性的大著作。它无时无刻不在振奋我的精神。”

5 月，尼采和彼得·加斯特再度相聚并一起前往了阿尔卑斯山脚下的威尼斯乡村雷考罗。他开始对等待失去了耐心，而出版商的延误使他无法梳理自己内心积压已久的新思想。

尼采最后给自己的书选定了《朝霞》的名字，而这本书终于在 7 月出版了。

探索永恒轮回的学说

1881年7月，尼采的《朝霞》出版了。他把《朝霞》视作对他疾病康复的一种锻炼，在各种愿望和思想中获得了娱乐，从中寻找到那种带着恶意的或有趣的欢乐。

7月中旬，尼采还住在威尼斯。夏日的到来使他不得不找到了一个更凉快的隐居地。他的脑海中依然记得两年前在高高的阿尔卑斯上的那些山谷，那个地方是个可以提供休息和短暂快乐的宜居之地。他重新登上了这些山谷，回到恩加丁，就像当地的一个农民那样，安顿在了乡村里。他在一个农民家里租了一间屋子，而他的食物则由隔壁的酒店解决。

那个村庄里几乎没有过往的行人，每当尼采想找人谈话时，他就去拜访教区牧师或者学校的校长。在他们的眼里，尼采是个十分博学、谦逊并且慈善的人。

那时，在尼采脑海中盘旋的是有关自然主义哲学方面的问题。那时，斯宾塞建立的哲学体系成为了哲学圈子里的流行物。尼采没有跟随潮流，他鄙视斯宾塞的宇宙进化论，这种学说穿着排斥基督教的外衣，实际上骨子里却有着对基督教的谦恭。

尼采曾经亲耳聆听过恩培多克勒、赫拉克利特、斯宾诺莎和歌德这些思想家的思想，他一直将这些思想家放在自己心中最高的位置，并感受到了一种伟大的新思想正在他的心中生成。

尼采需要的是安静和独处，并用强硬的姿态去捍卫着自己的孤独。保尔·李很欣赏《朝霞》，他想去恩加丁探望尼采，他在书信中将自己的愿望告诉给了尼采。但是尼采感觉自己的时间不多了，需要抓紧。于是伊丽莎白提前写信将尼采的矛盾原原本本地告诉了保尔·李，李理解了尼采的心情，放弃了他的计划。

最后，尼采终于找到了他想发掘的思想，在未发现这个思想之前，他曾经被自己内心强烈的预感激烈地搅动过。

一天，尼采外出散步，他穿过了西尔斯－马利亚森林，这片森林一直延伸到了西尔瓦普拉纳，随后尼采在离苏莱不远的一块锥形岩石下坐了下来。

此时此地，尼采的内心中想到了永恒轮回的思想：

时间总是在无限地延续，它将保持同种状态的事物从一个时期带到了另一个时期。既然这种在时间中的穿越是必然的，那么同理，所有事物也会从时间中返回。

在整个时间过程中，在之前或之后许多无法预料、浩瀚而又有限的日子里，肯定有个与我极为相似、事实上就是我自己的人，同样坐在这块岩石的阴影下，将再次在此时此地发现同一个思想。而且这个人无数次地发现这同一个思想，因为时间的无限使事物产生无数次轮回的运动是无限的。

在这种情况下，人们就必须弃置前往天堂的希望，进行坚定的思考，因为没有天堂，也没有所谓的更好来世。我们只是自然的影子，重复盲目而又单调的人生，我们只是时间的囚徒。如果我们真的失去了希望，那现在我们生命的每一分钟就都变得崇高而又激昂。

要是这种时刻永远在回复，那么现在发生的每一件事就不再是偶然性的事件。它一直在时间的过程中无限重复着，连那些最微不足道的事物都会被赋予无限永久性的非凡价值。

由于自己发现的思想是如此富有冲击力，尼采情不自禁地哭了。自己的努力并没有白费。残酷的现实没有击倒尼采，在面对悲观主义时，他也没有退却，相反，在深入挖掘了悲观主义的思想之后，尼采找到了最后的结论——永恒轮回的学说。

在接下来的几个星期里，尼采的生活经历了狂喜和痛苦的大起大落。现在的尼采就像站在上帝面前等待接受天职的以色列先知们，他为自己的思考成果感到了骄傲，但同时他也面对着恐惧和战栗。

尼采感觉无法承受，他怕自己一次又一次地经历这种折磨，但从心底来说，他也热爱这种折磨，并强迫自己接受了这种永恒轮回的思想："照亮我的十字架，穿过我的光辉。"

8 月 14 日，尼采给彼得·加斯特写信说道："无数的思想浮现在了我心头，我坚信这类思想。我总是能觉察到预感出现在我的脑海中。我所过的是一种非常危险的生活，因为组成我身体的零件随时都有可能垮掉。我在为我自己的思想歌唱，口里说着各种蠢话，我必须要把这伟大的思想奉献给人类。"

现在时机成熟了，尼采接下来便可以开始建立作品框架了。他集艺术家、批评家和哲学家的种种天赋于一身，而这些天赋争相将他引向了各个方向。他要做的是围绕着诗和韵律来建立。尼采喜欢用诗的语言来转化自己的自然观，他愿意将它们转化成音乐和有节奏的散文。他继续思考着：为什么不可加一个富有人情味的先知的形象，一个英雄在自己的作品中呢？

"查拉图斯特拉"这个名字突然出现在了他的脑海中，尼采想起这个波斯传道士与火的传播者。他很快便动了笔，在纸上写下了标题、副标题和 4 行文字，这几句简单的文字宣告了这部诗作的诞生：

——一种新生活的标志

查拉图斯特拉出生在乌鲁米亚湖边，30岁的时候，他离开了故乡，来到了阿里亚省，他在这里度过了10年的孤独生活，并创作了波斯古经。

自开始创作以后，尼采就不再是进行简单的散步与沉思了，他一刻不停地倾听和收集着查拉图斯特拉的言论：

西尔斯－马利亚

这是我坐着等待的地方——却没有等待的对象，

在善恶之外，我享受着生活，

此刻的光和影，只有白天黑夜、湖泊、正午和没有终结的时间。

那会儿，我突然有了两个朋友，

查拉图斯特拉已经来到了我的身边。

9月，恩加丁开始变冷，天气突然变得阴冷多雪。尼采不得不离开了那里。

尼采开始了每一年都会经历的长时间的消沉。以前，他不断思考着永恒轮回的问题，但是现在他却没有勇气去面对这个问题，他对这种可怕的思想感到恐惧。

9月和10月的几个星期里，尼采3次试图自杀。尼采从来都不是个怯懦的人，他自杀的原因是为了阻止理智的毁灭。

尼采再次来到了热那亚。但这里的风很潮湿，而且这里的秋季变幻莫测，气温十分低，这一切对于尼采来说都是一种考验。

同时，另外一件事也加深了尼采的忧郁：他的新书《朝霞》又失败了。评论界根本就没有关注过这部作品，他的朋友们也对这本书感到费解。

10 月 21 日，尼采在热那亚给欧文寄去了一封信。但是欧文甚至连这封信都没有回。《朝霞》失败，是因为自从退出了瓦格纳的圈子之后，尼采就被众多人排斥，他没有更多的朋友。

在读者前面，尼采是孤独的，而读者也早已被他不断变化的思想搅得不安起来。他坚持认为自己的作品生机勃勃，而这些作品一定能够抓住读者的心，继而征服他们。但是这本书的每一页都要让读者全力以赴，去解决谜团，这样的内容让读者感到了疲倦。此外，德国公众对散文艺术缺乏敏感，他们不善于抓住这本书的艺术特征，他们喜欢的是那些节奏缓慢、深思熟虑的作品，因此这种始料未及的作品让读者没有准备。

11 月的时候，天气十分晴朗，尼采重新振作了起来。他漫步在热那亚海岸的群山之上，再次来到了那块岩石的边上。他给彼得·加斯特写信说："我觉得自己在精神上是如此的富足，也为自己感到骄傲，我就像一位多利安王子。此时此刻，我只想念你和你的音乐。"

此时离拜洛特演出《尼伯龙根》已经有 5 年了，整整 5 年时间，尼采剥夺了自己享受音乐的权利。他害怕自己一旦纵情于音乐之中，就会重新被瓦格纳艺术的魅力所俘虏。

在健康恢复的间隙，尼采去剧院里看了戏。在那里他看了一遍罗西尼的《西密拉米斯》，还听了四遍贝利亚的《裘丽亚特》。一天晚上，他出于好奇，还去听了一部法国歌剧，当时他还不认识歌剧的作者。

尼采给加斯特写信说道："哇，我又有了一个令人欣喜的发现，那就是乔治·比才的歌剧《卡门》。他和梅里美的小说《卡门》一样优雅有力，甚至有时还很动人。他是一个真正的法国天才，他没有受到瓦格纳的影响而误入歧途，在现存歌剧中，我认为《卡门》是最出色的一部。只要我们还活着，它就会一直是欧洲的保留剧目。"

尼采再一次体会到了去年所享有的欢乐，他经历了思想的黎明，现在正午升起了。12 月底，尼采写下了一组散文诗，他在文中对自己的良心进行了考察：

写给新年，我还活着，我仍然保持着思考，我必须活下去，因为我还得继续思考。我在故我思，我思故我在。今天是节日，每个人都有权利表达他的愿望和他最隐秘的思想。

同样，我也想表达我内心深处的愿望，我首先要倾诉的是我的思想，这一年它一直都萦绕着我——我选择的这一思想是怎样的思想啊！在我心里，它就是未来生活的保证和甜美的源泉。每一天，我都把必须视作美——这样一来，我就是一个使事物变得美好的人。自此以后，我要让命运之爱成为我的所爱。

我不愿将丑陋的东西挂在心上。我不愿指责别人，更不愿指责那些总是指责别人的人。掉转我的目光，让这成为我唯一的否定。一句话，我希望自己在任何情况下说的都是“是”。

初识露·莎乐美

1882年1月份，整整30天的天气都很晴朗。尼采想把《快乐的科学》的第四部奉献给1月作为感谢。他给这本书取了一个《神圣的一月》的名字。

2月，保尔·李经过热那亚，他在那里停留了几天陪伴尼采。尼采将他带到了自己最爱散步的地方，还带他去看了那些布满岩石的小溪，他说："在那块岩石那儿，大约600年或1000年之后，后人们会为《朝霞》的作者竖立起一座塑像。"

接着，保尔·李继续前往了罗马，与在那儿等他的梅森伯格见了面。尼采写信给梅森伯格，在信中轻描淡写地提到了瓦格纳，接着他又给梅森伯格作了一个非常神秘的承诺："因为我对自己的未来充满了幻想，所以我相信从前在瓦格纳作品中出现的最出色的东西就将持续出现在我的作品里——也许这是这场冒险中富有喜剧性的一面。"

初春时节的时候，尼采突发奇想，他搭上一个意大利帆船主的船，取道地中海前往了墨西拿。他在船上陷入到了疾病之中，但是在刚到墨西拿的日子里，尼采还是十分高兴的，他重新开始写诗。也许是从加斯特谱成乐曲的那些歌德妙语中获得的灵感，尼采的诗作多是即兴之作或是警句。

尼采找到了一个风土人情和自然环境都很适宜创作作品的角落，那就是西西里。这里和老荷马所说的相差无几，"这个居住着欢乐的世界边缘"是一处极为理想的避难所。西西里打动了尼采，让尼采忘记了那儿的炎热。

4月底的时候，西西里刮起了几天的西洛可风，尼采再次陷入了被天气折磨的痛苦中，他准备离开那儿。就在这时，梅森伯格给尼采写来了一封信，她急切地敦促尼采前往罗马。

梅森伯格一直都关注着尼采，她一直都在努力地想改善尼采的命运。她理解尼采有着一颗纤细敏感的心，因此一直都试图给尼采找一个好伴侣。这年春天，梅森伯格认为她已经为尼采找到了这样一个女人。

梅森伯格碰见的那位俄国姑娘叫露·莎乐美，还不到20岁。她十分聪明，虽然她在容貌上不够完美，但是这种不完美反而让她有了高雅的气质。

梅森伯格为莎乐美读了尼采的作品，莎乐美读了之后似乎理解了其中的思想。梅森伯格不停地在莎乐美面前谈论这位非凡的男子，“尼采是一个为了保持自己的自由而可以牺牲友谊的人。尼采是一个非常严峻的哲学家，但又敏感多情，而且对他那些朋友来说，他保持孤独的想法是被迫的，这完全来自于他的悲哀。”

莎乐美对尼采的事情表示出了很大的热情和渴望，表现出想结识尼采的愿望。

保尔·李很早就认识了莎乐美，并对她很欣赏，梅森伯格在跟李商量之后，便写了信邀请尼采前往。

尼采到了罗马，他在那里听到朋友们对莎乐美歌声的赞美，他还听说这是位具有高尚情操的女性，她机敏勇敢，拥有自己的主见，是位举止天真的女英雄。

尼采同意和莎乐美见面。一天早晨他们相约在圣彼得教堂，尼采在第一次见面的时候就被她征服了。很长的时间里，尼采都沉浸在了沉思之中，孤独让他忘记了交谈的乐趣。

莎乐美认真地听着，表现出极大的兴趣。她几乎一直都在沉默，但是她敏捷的才思都在她平静的神情、自信而又优雅的举止和简洁的语言中毕露无遗。

孤僻——这是使尼采的外表引人注目的第一个强烈印象。粗粗看来，他的外貌没有什么惊人之处：中等身材，衣着很朴素也很干净，容貌安详，棕色的头发简单地往后梳着，人们很容易忽视他。

他的美丽的嘴唇极富表情，而向前梳的长须遮盖了它。他笑的时候声音不高，说起话来嗓音柔和，走路时小心谨慎，肩膀略向前倾，如果把这个形象放到人群之中，就显示出一种孤立来。

尼采的双手无比优美，不知不觉地吸引了人们的目光。他自己也相信，这双手显露了他的精神。他还给自己一对小得出奇、造型美观的耳朵添加了类似的意义，说它们是“听闻所未闻的事情的耳朵”。

他的眼睛也在不知不觉中说话。如果有时他被两个人的交谈所激动——他经常是这样——就有一种动人的光芒在他的眼中闪烁着；而当他的心情不好时，从这双眼中立即阴郁地显现出孤独，就像一个令人恐惧的深渊。

尼采的举动也给人一种隐居者和沉默寡言者的印象。在日常生活中他很讲礼貌，有一种类似女性的温柔，经常保持着一种沉着镇静的亲切态度。同人交往时他喜欢并看重高雅的外表。可是这对他来说总含有一种化装的乐趣——一种几乎永不裸露内在生活的外套和面具。

这都给莎乐美留下了极其深刻的印象。

尼采很快就喜欢上了莎乐美，他在梅森伯格面前这样评价着莎乐美：“在呼吸短促的时间里，她就可以把我的灵魂具象化。”

莎乐美也从尼采身上感受到了他那独一无二的气质，他们两个长时间进行畅谈，他在思想上表现出的力度甚至让她无法入眠。

距离和尼采初次见面没有几天，莎乐美和她的母亲就离开了罗马。尼采和李陪伴着她们，他俩都坠入了对这位年轻女子的爱河之中。

尼采对李说道：“她简直令人赞美，娶她回家吧！”

李回答道：“不，我不能娶她，我坚持的是悲观主义的哲学，生儿育女的世俗生活让我反感，你自己娶她吧，她是最适合你的伴侣。”

尼采反对李的意见：“结婚？决不！我可能在任何事情上撒谎，但这件事绝对不可能。”

莎乐美的母亲仔细观察了这两位男子，她看不透尼采，更喜欢保尔·李。

这4个人在卢塞恩停了下来。尼采想让莎乐美去参观特里伯森，这是他认识瓦格纳的地方。他把她一直带到了花园中，花园中有着高高的白杨树，树叶把整个花园都围住了。他向她讲述了那些无法忘却的时光，他坐在湖边，声音低沉而又克制，对快乐的回忆令他感到痛苦。

说着说着，尼采突然间陷入了沉默，一直认真观察着他的莎乐美突然发现，一行泪从尼采的脸上流了下来。

尼采对莎乐美很坦率，他给她讲了自己过去几十年的生活经历，他暗淡的童年、牧师的房子、英年早逝的父亲，以及他堕入宗教时虔诚的岁月，他对在一个没有上帝的世界里一个人必须决定活下去的恐惧，同时还有他是怎样发现叔本华和瓦格纳，以及他们在他身上激起的宗教情感……

说完后，他又表情严肃地补充了一句：“无论如何，比起原地不动来，回到过去的可能性应该更大一些。”

尼采还没有向莎乐美表露自己的爱慕之情，他害怕当面进行的表白。之后，他在巴塞尔住了几天，5月8日，他和欧维贝克一家碰了面，并兴奋地告诉了他们这个消息：“一个女子闯入了我的生活，这是一种巨大的幸福，而且这将有利于我的思考，我的思维会更活跃，感情也会更丰富。”

但是，尼采却不想娶露小姐，他鄙视一切肉体上的结合。

尼采在情感上的爆发让欧维贝克一家深感忧虑，他们有一种不祥的预感。

最后，尼采收到了莎乐美不想结婚的答复，她说自己刚刚走出一场失败的恋爱，还没有精力再一次谈恋爱。但是她对尼采答复：可以和他建立友谊关系和精神上的恋爱关系。

尼采立即回到了卢塞恩，他见到了莎乐美，希望用自己执着的劝告让莎乐美回心转意，但是莎乐美却再次拒绝了。

7 月份，她将前往拜洛特参加音乐会，她向尼采保证，等到音乐会一结束，她就会和他再聚，并跟他一起度过几个星期。到那时候，无论尼采向她说什么，她都会去做一个虔诚的聆听者，她会像一个解放的信徒一样严肃看待这位老师的最新想法。

最后，尼采只好接受了这些条件，尼采给她推荐了一本他的书《作为教育家的叔本华》。他对她说道："读一下这本书，这样你就会对我的思想和行为有了心理准备。"

之后，尼采离开巴塞尔，回到了德国。他曾经在墨西拿认识了一个瑞士人，这个人在他的面前赞叹柏林附近的格伦瓦尔德，他说那里有着非常优美的景色，于是尼采想去那儿居住。

尼采去了格伦瓦尔德，那儿的环境让他感到非常满意，但同时他也亲眼看到了一些令他很反感的柏林人。那儿的人都没有读过他的最新作品，完全不知道他的思想。他们只知道尼采是保尔·李的朋友，而且他们都把他当作了保尔·李的徒弟。

尼采对此十分不满。他立即离开了柏林，前往瑙姆堡待了几个星期，在瑙姆堡他口授了他即将发表的手稿《快乐的科学》这篇文章。他对母亲和妹妹提到了莎乐美，他所表现出来的快乐很令她们惊讶，显然，他在莎乐美的身上看到了幸福。

与露·莎乐美分手

1882 年 7 月 27 日，是《帕西法尔》在拜洛特再次演出的日子。尼采来到了离拜洛特不远都灵森林区的陶顿堡乡村，他在这里安顿了下来。

他所有的朋友已经提前到达了拜洛特，唯独他缺席了这次聚会。梅森伯格曾试图修复两人的关系，她当着瓦格纳的面提到了尼采的名字，但是瓦格纳立即要她闭嘴，接着他走出了房间，重重地摔上了门。

尼采不知道发生过这些事情，他继续停留在森林里。已经抑制住了内心的疑虑，他的精神已经被一种伟大的思想深深地激励，而且爱情也正在激励着他的心灵。莎乐美刚刚献给了他一首诗，她想用这首优美的诗歌来象征着他们精神上的共鸣。

彼得·加斯特读了这些诗句，他看到这些语言还以为是尼采写的，尼采对此感到很高兴。他写信对彼得·加斯特说道："不，这不是我的作品。这篇诗作让我感到惊心，这是令我惊心的众多事物之一，它总是让我流泪，它所带的音调是我期待已久的，自孩提时代我就盼望着这样的音调出现。这首诗的作者是我的朋友露，你应该还不认识她。她的理智就像鹰的眼睛一样锐利，还有着狮子一样的勇气，同时她又非常女性化，也许还像一个小姑娘一样几乎不会生活……"

尼采最后一次读了原稿，将它交给了出版商。书中庞大的容量、过于简洁的文字和几乎还不成形的结构让朋友们大为挑剔，他在他们的评价中听到了他所预料的他们必然要说的意见，他感激地回答了他们。但是，从内心里，尼采还是无法接受自己的作品"毫无价值"这种说法。

《帕西法尔》再次获得了成功。对于这则消息，尼采用嘲笑表示了欢迎，他写信对彼得·加斯特说道："卡利奥斯特罗万岁！这个像巫师一样的家伙居然再一次取得了奇妙的成功，这个结果让那个上了年纪的绅士呜咽着哭了。"

音乐会一结束，伊丽莎白陪伴着莎乐美前来与尼采重聚。她们俩同尼采住在了同一家旅馆。

莎乐美已经在拜洛特看了这出带有基督教神秘的戏剧，她从剧中看到人类的悲哀史是一场来来回回的考验，但她最终却在考验中得到了祝福的安慰。但是，尼采则给她讲授了另外一种神秘剧，这种剧较之前的一种则更具悲剧色彩：

> 我们生活和命运本身就是痛苦，超越是不太可能的，我们要做的仅是比任何时候的基督徒都更彻底地接受它。
>
> 我们要把它当作信仰来信奉，面对它，我们需要有积极的爱，让我们来承袭它的热烈和无情，在对待自己和别人的时候都用冷硬的态度，无论它是如何的冷酷、野蛮，我们都要接受它。贬低它的行为是懦弱的，让我们去接受永恒轮回的象征，这样我们就可以锻铸自己的勇气。

莎乐美创作了一篇简短的颂歌，并把它献给了尼采。

> 就像朋友之间的深爱，
> 我深爱着你，生活是多么神奇！
> 因为你我有了流泪欢笑，
> 将我的情绪传递给你，
> 我的感情中有着欢喜与苦痛，我爱你。

如果你必须要毁灭我，
我会忍痛离开，
就像朋友挣脱了朋友的臂膀，
我将自己全部的力量用于抚爱你，
难道你不能给予我其他的欢乐？
尽管如此，我仍然与你共同分担着苦痛。

尼采被这份礼物打动了，他希望用另一份礼物来回报她。在过去8年的时间里，他禁止自己进行音乐创作，如今他打破了这个禁令，他谱出了一首如泣如诉的赞美曲，而歌词就是莎乐美的诗作。完成之后，尼采心力交瘁地再度躺到了床上进行休养。

莎乐美完全没有意识到尼采在感情方面要求具有如此的强度和高度，她对此大为恐慌。她在提议做朋友的时候，从来没有预料到这场友谊的危机要远甚于爱情。她强制自己完全赞同他所有的思想，但是她却拒绝这种苟同：理智不可能像感情一样，能够毫不保留地奉献。

莎乐美自负般的保留触怒了尼采，8 月 20 日，他在信中这样写道："露还要在这里陪我一个星期，她是最聪明的女性，我们每 5 天就会发生一场悲剧性的小争执。现在，她的荒唐程度要更加严重了。"

莎乐美离开了陶顿堡，尼采继续和她保持着书信往来，他在信中详细地讲述了自己的工作和计划，他说自己想去巴黎或者维也纳研究自然科学，并在这基础上深化永恒轮回的理论。

尼采还给莎乐美讲了《生命颂》一曲的成功之处，创作灵感来自她的诗歌，他已经请音乐界的朋友对这首曲子进行了评定，并且希望可以找到一个管弦乐队的指挥来听听这首曲子，对此他像往常期待自己的作品出版一样热心。

9 月 16 日，尼采自莱比锡写信给彼得·加斯特说道："露将要在10 月 2 日来到这儿，两个月后我们将前往巴黎，我的计划是，我们将在那儿待好些年。”

尼采的母亲和妹妹在这件事上对他进行了责备，但他却不以为然。

两个月之后，莎乐美来到莱比锡赴约，她找到了尼采，但是保尔·李陪在她身边。显然，她希望尼采能够理解自己那对他那自由而不盲从的友谊，他们的关系只是在感情上的共鸣，而她，不想付出理智上的效忠。

这件事让尼采变得忧郁多疑起来。一天，他看到李和莎乐美两个在一块儿小声地谈话，他立即从这种行为中判断出他们正在嘲笑自己。

有一次，李、尼采和莎乐美一块儿去照相。莎乐美和李对尼采说：“我们拉着童车，你坐到车中，这象征我们三人的联盟。”

尼采拒绝了这个提议，他说：“我不同意，坐在童车中的应该是露小姐，让我们两个男人来握车把。”

很快，尼采便产生了一个更为残酷的想法。他认为莎乐美和李在一致反对他自己，而他们一致性的原因只可能是他们彼此相爱，但他们却同时在欺骗他自己。自从有了这个想法后，周围的一切在尼采的眼中都变得无聊可憎。

接着，尼采渴望已久的精神上的奇遇被一次可悲的冲突结束了。他在莎乐美面前诋毁李，他说：“李是个才智出众的人，但是他内心虚弱，缺乏目标，造成这种麻烦的源头是他所受的教育，每个男人都应该拥有战士般的品质，而每一个女人都应当或多或少地被培养成一个战士的妻子。”

伊丽莎白本来就对莎乐美小姐没有好感，所以她的参与更助长了尼采的怀疑和怨怒。她的解决方式十分粗鲁，她未经尼采授权就冒着哥哥的名义写信给莎乐美：

你的口气看起来就是一个愤怒的小学生。在这种争吵面前我应该怎么做呢？请你理解我，我希望你所做的能让我看重你，而不是再让我小瞧你。

你对我问题的解答实在是太慢了。还在卢塞恩的时候，我就已经将我年轻时的那篇论作交给你了，我相信你已经读了，你还对我说“不”。你应当理解我，我现在只是认为你写的那首《献给悲哀》实在是谎言。

只有我一个人看清楚了你身上的优点和缺点。像你这种人，只有那种具有崇高目标的人才受得了。

你缺乏尊敬、感激、虔诚、礼貌、赞美和敏感，我们现在姑且不谈其他，单就勇敢这一品性来说，你勇敢吗？你不会背叛吗？

难道你丝毫没有觉察到，当一个像我这样的男子靠近你时，他需要在你面前保持极大的自制力吗？你所接触到的是所有男人中最宽容和最仁慈的，但是请你牢牢记住，我憎恶狭隘的利己主义和可耻的软弱。我是世界上最容易被憎恶所征服的。无论从何种角度出发，我都不会让自己再一次被骗。我看出了你身上有着崇高的利己主义，这种利己主义强迫我们服务于自己心中最高的东西。

永别了，亲爱的露，我将和你诀别。希望你好好保护自己的心灵不让它被相似的行为侵袭，同时祝愿你在别处受到欢迎，虽然你的品行在我看来已经无可救药。

我没有读完你的信，我已经读了太多了。

莎乐美被伊丽莎白这封粗暴的信件激怒了，而这封信导致了与尼采最后的破裂。

随后，尼采便离开了莱比锡。

创作 《查拉图斯特拉如是说》

1882 年 10 月，尼采离开了莱比锡，他在途中经过了巴塞尔，去拜访了欧维贝克一家，他们耐心地倾听了尼采的抱怨。

尼采最后的梦幻已经破灭了，梦惊醒之后尼采痛苦地发现每个人都背叛了他，他不停地在唠叨，宣泄自己苦涩的怨怒。

欧维贝克夫妇诚挚地邀请尼采跟他们一块儿待上几天，但尼采很快便又逃离了。离去之前对他的朋友说道：“从今天开始，我真的是一个人了。”

接下来，尼采在热那亚逗留。但这里的寒冷和疾病让他痛苦不堪，因此他在那里停留了片刻，没过多久，尼采离开了这个城市，他沿着海岸继续前进。

当时，内尔维、桑塔玛格丽塔、拉帕洛、左格里这些地方人迹罕至，旅游者很少到这些陌生的地方来。这里的居民大部分以打鱼为生，每天傍晚，他们便将他们的三桅帆船拉进海湾深处，他们会在岸上边织网边唱歌。这些绝妙的方式被尼采看在了眼里，他想用这里优美的景色来贬抑自己的痛苦，他很快就选择了其中最优美的拉帕洛作为自己的停留地。

尼采在一个小旅馆内找到了一个房间，旅馆面临大海，夜晚的海涛声传来，都会让他无法入睡。但是正是在这个让尼采十分不舒服的冬季，他创作了他那高贵的查拉图斯特拉。

每天清早，尼采都会在一条风景宜人的山间小道上攀行，这条小路往南通向左格里，掩映在一片松林之间，走在小路上可以俯瞰浩瀚的大海。晚上，他沿着整个海湾散步，这个海湾从桑塔玛格丽塔延伸到了菲诺港……正是在这两条路上，尼采构思着整个查拉图斯特拉的第一部分。

这部诗作花了尼采10个星期的时间。尼采在永恒轮回的基础上创作出了这部作品，但是在第一部分，他并未表露永恒轮回的观念。尼采遵循了一种超人的思想，这种思想更改万物的真正进步，甚至可能摆脱偶然和命运的承诺。

查拉图斯特拉的出现宣告了超人的来临，他预言了喜讯。在自己的孤独中发现了幸福的希望，而尼采自己也总是怀着这种希望。

此时，尼采知道了怎样利用抒情价值了；也许在接受了自己两个朋友的背叛之后，他抑制了自己禁欲主义的想法。他一直在自己身上体验其思想的效力。由于他自己都无法忍受这种残酷的象征，因此他认为自己不能把这一象征真诚地奉献给人类。于是，他创造了一种新的象征，即超人。

尼采希望超人成为信仰，这是他的希望，并符合自己作品的构思。他希望的是用作品来回击作品，他想用自己的作品回应《帕西法尔》。尼采想要描写的人性同瓦格纳想要描写的一样，但他的解脱方式不是圣餐的神秘色彩而是靠对人类自身精华的歌颂，靠极少数精选出来的心甘情愿的人的美德，人类的血液都是被这种美德纯化和更新的。

《查拉图斯特拉如是说》远不止是对《帕西法尔》的一次回击。他希望成为人类活动的引导者，他希望创造人类的道德，向全人类公平地分配责任的戒律，以此把弱小者和强大者带向崇高的命运。

现在尼采到了38岁这个具有转折性和决定性的时刻了，他又想起了自己的愿望，他不再满足于永恒轮回的思想，人类囚徒一样生活在盲目的自然界里的情况让他感到无法忍受。相反，他现在感兴趣的是超人的思想，因为它代表着一种行动的原则，一种拯救的希望。

尼采的思想素来都是激荡并且来去飘忽的，连他自己对这些思想都是丈二和尚摸不着头脑，有时候，超人对他而言是一种相当严肃的真实；可更多的时候，他似乎不喜欢那种没有夸张的信念。超人主要是一个抒情诗人的梦想和谎言。

尼采眼中的人生总是可怕而又痛苦的。他整日生活在忧郁和积怨之下，仍然对自己经历的坎坷心怀恐惧，每当想起这些的时候，尼采就会召唤自己高贵的英雄，安详的查拉图斯特拉，在他身上获得慰藉。

尼采依然持续着自己的创作。每天他都在不断地更新着自己的智慧，同时还让自己不断上升的希望被抑制、扑灭和欺骗，灵魂在此过程中走入了平静充裕的境界。

这篇文章呈现了沉着平静的文体风格，这对于尼采来说是一种胜利，因为他成功地抑制了自己的忧郁，他赞扬了人类的力量和扩充，而不是兽性和进攻。

1883 年 2 月的最后几天，尼采被自然主义思想所激发，创作出了最后的也是最优美最虔诚的篇章：

兄弟们，我恳求你们，怀着深爱的心对大地忠诚吧，让你们的爱和知识与大地心意相通吧！

不要让你们的道德远走高飞，不要试图和永恒作战，那只是徒劳。哎，总是有如此多的道德误入歧途。

都和我一样，把迷失方向的道德带回大地，把道德赐还给生命，这样的话，道德就可以赋予大地以人的意义。

正当尼采在热那亚海湾进行创作时，噩耗传来，瓦格纳在威尼斯去世了，这个消息让尼采感到心情沉重。他从自己的创作和瓦格纳的去世中看出了一种一致性，他认为这是天意。

此前 6 年多的时间里，尼采跟科西玛 · 瓦格纳没有任何书信往来，但是现在他必须要写信告诉她，昔日时光依然深藏于他的心中，而老师的去世让他跟她一样同感悲痛。

2 月 14 日，尼采写信给出版商施迈茨勒：“我将这部书献给全人类，但我相信无人能够读懂它。与其说它是一部诗作，我倒认为它更像是第五部福音，或者是某种无以名之的东西。至今为止，在我所有的著作中，它是最严肃最快乐的一本，它面向所有人开放。”

在给梅森伯格和彼得·加斯特的信中，尼采这样写道：“今年我依然会隐居，保持深居简出的状态，拒绝任何社交活动。我要直接从热那亚到西尔斯去。”

但尼采毕竟不是查拉图斯特拉，他身体虚弱，热爱却又惧怕孤独。出版商施迈茨勒在几个星期之后依然没有给予答复。这让尼采感到焦躁不安，于是他就改变了夏天隐居的计划，回到了人群之中。

此时，伊丽莎白和梅森伯格正在罗马，她猜想，此时的尼采身体疲倦适合接近，于是她趁机与哥哥达成了和解。

尼采没有拒绝妹妹的和解，于是答应前往罗马。

尼采一到达罗马，他的老朋友便立即把他引进了上流社交圈。那里有伦巴克、伯爵夫人唐霍夫。

尼采为这种交际感到苦恼，因为他和这些欢快的交谈者完全不是一路人。在他们中间，他似乎来自另一个世界，他们不明白他的意思，认为他是一个古怪、奇特并且偏执的人。

人们的反应让尼采感到极为震惊、不安和屈辱，并为自己挚爱的儿子查拉图斯特拉的前途而感到忧虑。

尼采几次询问：“为什么出版商施迈茨勒迟迟不付印《查拉图斯特拉如是说》?”

后来尼采得到了答复：必须学校先印行 50 万本圣歌集。

尼采只好继续等待，几个星期之后仍然没有消息。尼采再次询问，得到的却是另一番托词：在圣歌集之后还有大批反犹太人的小册子要印，以便这本小册子在全世界发行。

5月，《查拉图斯特拉如是说》付印依然遥遥无期。尼采为此大动肝火，这位伟大的英雄竟然被虔信主义和反犹太主义这两种陈词滥调阻挠住了。

书籍无法出版让尼采感到泄气，他不再动笔，而且还将行李连同随身携带的足有104千克重的书籍和手稿留在了车站。他讨厌罗马的一切。

尼采强烈地想要离开这个城市，想住到阿奎拉去，他在那里巴贝里利广场一幢房子的顶楼寻找到了漂亮的房间，位置极好。同时那个房间可以让人忘记自己身处于城市：广场上的泉水从一个半人半鱼的海神头角里流出来，水声淙淙，将繁杂的人声淹没了，同时被淹没的还有尼采的忧郁。

6月初，《查拉图斯特拉如是说》终于出版了。尼采写道："书的出版让我感到非常激动。我现在处于令人惬意的上流社会中，但是只要我离开人群，独自一人，激动的情绪就会涌上我的心头。"

但是，朋友们谈论这本书的极少，评论界几乎未提起过这本书，没有一个人对查拉图斯特拉感兴趣。伊丽莎白和梅森伯格两位基督教的虔诚信徒在看了书之后说道："书中所说的让人多么痛苦啊！"

尼采在给彼得·加斯特的信中说道："她们都说我言论过激，但是我自认为我的书是如此的温和。"

6月22日，在种种打击之下，尼采离开了阿奎拉前往恩加丁。伊丽莎白准备返回德国，因此她与尼采同行。在这几个小时的旅行中，尼采心情愉快，才思横溢。他在路上进行了即兴创作，在妹妹的建议下，他创作了限韵诗，为了避免别人打扰他的欢乐，他在每一站都请卫兵进行了护送。

在恩加丁，孤单的尼采灵感迸发，只用了10天时间就写出了作品的第二部。

这一部分的内容满带痛苦，“我不能大材小用。”这是查拉图斯特拉的口头禅，他从不将对手放在眼里。他在世人面前是个善良的施主，但是没有人认真倾听他的谈话。尼采决定让查拉图斯特拉转换语气，他在笔记本上记下了短促的话：“查拉图斯特拉是法官，他是正义的化身，他要进行改革，而改革的结果便是摧毁。”

转变为法官的查拉图斯特拉说出的话满带侮辱和哀悼，尼采曾经嘲笑过那些古代的道德戒律，他想在废除它们的基础之上建立自己的律法，他这样写道：“超人的品质越来越明确。”

这是他的希望，但是就连他自己都在被痛苦和狂暴的情绪所俘虏，他所赞扬的道德是不加掩饰的赤裸裸的力量，摆脱了传统道德法则的削弱、改变或征服力量。他总是屈服于这种作用于他的诱惑力。

查拉图斯特拉如是说，炽热的太阳带来的奇观让我目不转睛，我欢欣鼓舞。它们是猛虎、是棕榈、是响尾蛇，真的，即使邪恶也有将来，但可怜的人类还没有找到自己的正午。终有一天，那些伟大的龙会降临世间，你们的灵魂远离伟大，以至于你亲眼看见超人时，会发现超人的美德是如此的可怕。

尼采在这一页加了着重号，也许尼采想用语言掩盖其思想上的困境：查拉图斯特拉必须首先完成法官和虚弱的消灭者的责任。他要身先士卒。

在此，尼采的思绪又回到了他在第一部分取消了的永恒轮回的思想。他将它从一种精神生活的训练，一种启发心灵的过程改造成了一把锤子，他自己给它的新定义是一种道德恐怖主义的工具，一种消除梦幻的象征。

登上了语言的巅峰

1883 年 6 月 24 日，尼采前往西尔斯，7 月 10 日前，他给妹妹写了一封信，请求她立即去找出版商施迈茨勒，并说让她跟施迈茨勒交涉安排一下这些事。

伊丽莎白很好地完成了哥哥的嘱托，施迈茨勒作出了保证，并立即付诸行动。8 月，他给尼采寄去了校样，但是此时心力交瘁的尼采已经没有足够的精力校对了，所以他把这工作交给了加斯特和妹妹。

尼采另外一些烦恼是因为伊丽莎白引发的，这件事又唤醒了去年夏天的那种不和。尼采和妹妹是在春天和解的，那会儿，他就曾对伊丽莎白说过："答应我，不要重提莎乐美和保尔·李的事情。"伊丽莎白对这件事保持了 3 个月的沉默。但仅仅 3 个月之后，她就食言了，开始旧事重提。

尼采被这件事激怒了。他给保尔·李写了一封信："真是太晚了，整整一年之后，我才得知你在去年夏天的事件中扮演了什么角色。一想到多年以来你一直自称是我的朋友，但实际上你却是如此阴险狡诈的骗子和流氓，我的内心深处就充满了憎恶。我认为你简直是在犯罪，这种犯罪不仅是针对我，还是针对友谊，针对这个空空的字眼'友谊'。"

尼采开始写信抱怨朋友们的背叛和自己的单身。欧维贝克对尼采的情况感到越来越担心，他来到西尔斯－马利亚看望尼采，希望通过陪伴使尼采从伤害和吞噬着他的孤独中转移一下。

伊丽莎白向哥哥建议道："你的孤独是事实，但难道你的孤独不是自找的？去某个大学求职吧，当你有了头衔和学生，人们就会承认你，你的作品就会有读者了。”

尼采听从了妹妹的建议，还给莱比锡大学的校长写了信。那位校长对他进行了劝告，德国没有一所大学会允许其老师队伍中出现一个无神论者，尼采公开宣布反基督的行为将不能得到理解。

尼采写信对彼得·加斯特说道：“这种答复令我勇气倍增。”

9 月，尼采回到了瑙姆堡，打算在那里住几个星期。此时，母亲和妹妹正在争执。伊丽莎白爱上了一个叫福斯特的德国民族主义者和反犹太主义者，那时他正在巴拉圭创办一项殖民地事业。伊丽莎白想和他组建家庭，母亲则想要阻止她。因此尼采的归来让尼采母亲感觉是找到了救星，她将伊丽莎白的打算告诉了尼采。

这个消息让尼采完全蒙了，尼采鄙视福斯特身上那种靠宣传激发起来的低级乏味的感情，同时他更加怀疑这个人曾对自己的作品泼过脏水。而他的妹妹竟要和这个人结婚，这是他万万不能接受的。他恶狠狠地把妹妹教训了一通。

但伊丽莎白毫不示弱，在言辞上顶撞他。

深秋的时候，瑙姆堡大雾弥漫。尼采离开了那里前往热那亚。和妹妹的争执让他的自尊心大受打击。

11 月中旬快来的时候，尼采离开了热那亚沿着西海岸前进，他经过了圣莱摩、门托尼、摩纳哥，最后在威尼斯停了下来，这里的景色让他陶醉，而那里还有新鲜的空气和充足的光线，这是必不能少的晴朗的日子。他写道：“光，光，光，我在光里重新得到了平静。”

但是威尼斯是一座世界性的城市，这让尼采深感不快。所以，他一开始在威尼斯这座古老的意大利城市里租了一间屋。邻居们中有工人、泥瓦匠、职员，他们全说意大利语，淳朴可爱，快乐的情形让他想到了自己 1881 年在热那亚的场景。

尼采丢掉了心里各种想法，全身心投入到了《查拉图斯特拉如是说》的创作中。《查拉图斯特拉如是说》是一部庞大的作品，尼采想让它成为一部能够盖过瓦格纳所有诗篇的诗作；它必须是能使《圣经》被人遗忘的福音书。尼采还想对各种道德及其目的进行宣告："是我规定1000年的价值。"

尼采对各种幻想进行创造的天赋将把爱或恨、善或恶强加于人类的想象之上，但是他也认识到了其中的困难所在。在作品第二部分的最后几节里，他坦率地承认了这一点。

查拉图斯特拉说："我看到了绝顶，同时我的手却不得不抓住并栖息于——空虚之上。我深处于危险之中。"

尼采想让自己的工作进入高峰。因为在夏天，他感到了高悬于其头上的悲剧性的威胁，而这个威胁还在步步逼近。他急切地想要完成一部能够最终拿得出手的、表达其最后愿望和思想的作品。他曾打算只写3个部分的诗作内容，可是现在3个部分已经完成了，他却依然没有表达出自己想要表达的东西。

尼采没有打过草稿，因此查拉图斯特拉不得不近距离地出现在了人们面前，他宣扬永恒轮回的思想，扶强凌弱、摧毁人性的原始方式。查拉图斯特拉是立法者，因此他完成自己的职责，定出了规则表，最后，当他沉思其作品的时候，在同情和欢愉中死去了。

8月，尼采为自己的作品设想了一个结局。当时他烦躁的心境影响了他的作品。现在他不得不重新开始起草，并想尽力把它写得最好。

尼采寻求的是一种成功的结局。他的诗作建立在两个基础之上，永恒轮回和超人。但这两种象征在结合时会产生一种误解，从而导致作品永不终结。永恒轮回的思想会抑制所有希望，它是痛苦的，而超人则象征着希望和幻觉。这两个象征完全相反，毫无过渡，中间产生了一个十足的矛盾。

尼采写了第二份草稿，这份草稿相当巧妙。他保留了同样的场景、人物和起因，唯一变动的便是查拉图斯特拉的身份，这一次他是以一个施主的身份出现的，而他的宣告则显得谨慎。首先，他提出并使人们接受了他的法则，接着，在法则的铺垫之下他才宣布了永恒轮回。

查拉图斯特拉详细解释了自己的法则，人们接受了这个法则。他用祈祷者的虔诚语气对群众进行宣讲。

他说："你们可愿永久轮回这一刻？"

众人皆答："是的。"

查拉图斯特拉在快乐中死去。

"查拉图斯特拉紧紧拥抱着世界死去。虽然大家都保持沉默，但是大家都知道查拉图斯特拉死了。"

这个结局很美好。但尼采很快就发现了它过于美好。他开始质疑这种快速建立的柏拉图式的贵族政治。权衡之后，尼采放弃了新计划。他不赞同这种积极的人生和查拉图斯特拉的这种死亡。

尼采一直想要创造经典，历史著作、有体系的著作或是一部诗作都可以，他希望他的作品能够与他的精神导师古希腊人的作品相媲美。但是他空有雄心，作品都未能成形。

1883 年年底，在这部没有结果的作品中，尼采没有找到自己的道德理想，又没法创作他的悲剧性的诗作。与此同时，他的作品的前两部都失败了，他的梦想灰飞烟灭，他只能眼睁睁地在一旁站着，毫无办法。

1884 年 1 月份出现了难得的好天气，这使尼采重新振作起了精神。他又突然开始即兴创作，他的作品中没有城市、没有群众、没有法则，只有他混乱情绪所投射出的抱怨、呼吁和道德碎片，仿佛是他在自己那部伟大作品的废墟中捡到的碎片。

这就是查拉图斯特拉的第三部分。这部分中查拉图斯特拉的生活完全是尼采的投影，他隐退到了山上，孤独地生活。他自言自语，欺骗自己，忘记自己还是个人。他深知自己身体内有种奇特的人性，无论他恐吓还是忠告，这种人性都既不害怕他也不倾听于他。

他怂恿它轻视传统道德，崇拜勇气，热爱力量和新生的一代。但是这种人性却并不接受他的规劝。没有听众，他感到悲哀，渴望死亡。接着，生命女神由于对他死亡的渴望大感吃惊而来到了他的身边，为他打气。

查拉图斯特拉听着生命女神的责备，脸上带着微笑，内心却在犹豫。最后他说道："你说得没错，但是你也知道……"他们彼此凝视一阵，接着查拉图斯特拉在生命女神纷乱、乏味的黄鬈发覆盖的耳边说了一些话。他说："我死了又有什么关系呢？一切都不可分离、调和，因为每一时刻都会在未知的时间里重复，每一时刻都会永恒。"

女神答道："你知道了什么，查拉图斯特拉？你了解了别人不知道的东西。"

他们的目光再次相遇了。他们看着脚下绿色的草地，夜的凉爽在草地上弥漫。他们哭泣，接着古钟声在山间敲响，他们深知这种提示时间的钟声代表着 11 条谚语。

接着，查拉图斯特拉起身离开。安全感、温和与力量都重新回到了他的身上。他高举旗帜，且歌且行，向山下的人们走去。而这支由 7 个章节组成的赞歌在一组类似短诗的句子中结束了。

诗作的开篇，查拉图斯特拉走进那个大城市开始传道，他把它称作色彩斑斓的奶牛。在第三部分的结尾，查拉图斯特拉又重新来到了这个大城市，开始传道。而尼采这个屡屡被击败的勇士，在艰苦努力了两年之后，已经感到畏缩了。

尼采在写作《查拉图斯特拉如是说》的时候并没有刻意雕琢，苦心经营一种音乐般的语言。没有，他是自然而然得到的。

"一切都是在无意识的情况下发生的，但却像是发生在一场自由感、绝对性、权力、神性的风暴中……形象和象征的无意识乃是最令人奇怪的东西。用查拉图斯特拉的话来说，这一切就像是事物自己走向前来，自愿充当象征似的。我毫不怀疑，我要回溯数千年才能寻觅到那个有权向我说，‘这也是我的经验’的人。”

“在查拉图斯特拉以前，没有智慧、没有对心灵的研究、没有说话艺术可言。因为最熟悉、屡见不鲜的事物，如今说出了闻所未闻的事情。诗句，因激情而战栗；雄辩，谱成了音乐的乐章；闪电，提前朝着迄无人知的未来迸射。以往最有力的象征力，同语言形象化的自然回归相比，都显得贫乏和无足轻重。”

从创作来说，这是一个作家的灵感爆发达到最高潮的时候，它往往是可遇而不可求的。从这一点来说，尼采能够数度达到这种十分难得的境界，是十分幸运的。这时的写作仿佛如有神助，仿佛不是自己在写而是一股神秘的自然之力推动着在写；或者说，这股神秘的力量只是借用一个人的手来体现了自身。

在完成《查拉图斯特拉如是说》第三部后，尼采情不自禁地写信给洛德，高度评价了这一作品应该获得的地位：“在像您这样的文化人面前，我可以毫不含糊地说，通过《查拉图斯特拉如是说》的写作，我已经把德语推到前所未有的高度。在路德和歌德之后，德国文学必须跨出它的第三大步。亲爱的老朋友，请仔细想一想，在我们的语言里，什么时候力量、灵巧和音韵之美达到这样和谐的统一?”

尼采在这里没有自夸；通过《查拉图斯特拉如是说》，他让自己登上了语言的巅峰。这的确是一部独一无二的作品。

哲学，宗教，文学，音乐；思想，形象，韵律，寓意，情感；大喜大悲，大苦大乐，人与兽，善与恶，沉沦与超越，明白如话与千古之谜，福音与批判书，无底黑洞之恐怖与趋向无限之欢欣；整个世界都在这部书中。能够与之相比的或许只有荷马的史诗，但丁的《神曲》，歌德的《浮士德》……

伟大的作品没有结束

1884年4月，《查拉图斯特拉如是说》第二、第三部分同时出版，这让尼采很高兴。

这种快乐持续的时间很短。要是无事可做，尼采又将变得无聊。他考虑自己已经花了太多的时间思考和写作，现在他最需要的是休息和音乐的滋养，但是意大利音乐软弱无力，德国音乐注重说教。尼采喜欢的音乐必须活泼抒情、庄重典雅、富于韵律、高傲激昂。

此时彼得·加斯特正在威尼斯，尼采想到威尼斯跟他会面。但是威尼斯过于潮湿，阴天会让他情绪低落，他不敢在4月中旬前去威尼斯。

4月26日，尼采抵达了威尼斯。加斯特给尼采找了个住所，住所离里埃特不远，这个房子的窗子开向大运河的方向。

尼采在4年之后重回威尼斯，这次让他拥有孩子般的喜悦，他迫切地想要重新结识这个可爱的城市。威尼斯是一座迷宫，它的精神中混合着阳光与水的魔力，而威尼斯的人们都欢快机智，有着优雅的气质，走在这座城市里，随意地一瞥就能看到意想不到的花园，花园里的鲜花和苔藓透过石头的缝隙往外乱窜。

尼采每天要在小街上散步四五个小时，有时独行，有时随意大利行人而行。

他一直都在思考接下来该写什么呢？他曾想给诗作中的一些诗句作注，结集成小册子，但是那时候，查拉图斯特拉说的话还没有被出版。而收到赠书的朋友们则一直都保持着沉默，只有一位叫海因里希·冯·斯坦因的年轻作家给尼采写了贺词。因此，尼采打消了写小册子的念头，他觉得自己圣经般的著作已被公众忽略，而现在为它作注的行为是荒唐可笑的。

他非常严肃地思考了“将来的哲学”，之后他打算至少推迟对诗作做进一步的工作，他想禁止自己进行长期的研究工作，在一种准确明白的前提下系统地阐述一下自己的哲学体系。

6 月中旬，尼采离开威尼斯去了瑞士。起初，他想到巴塞尔的图书馆里阅读书籍，他想看一些历史学和自然科学方面的著作，但是由于那里的气候十分闷热，再加上那些让他不快的朋友，最终尼采只在巴塞尔作了短暂的停留。接着，他再次来到了恩加丁。

8 月 20 日，海因里希 · 冯 · 斯坦因致信给尼采，表示想要前来探访。

斯坦恩是个 26 岁的年轻小伙子，但是他却是所有德国作家中最被寄予厚望的。早在 1878 年，他就发表过一本名叫《唯物主义的理想，抒情哲学》的小册子。尼采看了这本书，从中他发现作者的研究与自己的极为相似，因此他结识了这本书的作者。

尼采认为，这位年轻人简直就是他志同道合的朋友。斯坦因的来信让尼采感到异常激动。因为斯坦因似乎已经读懂了《查拉图斯特拉如是说》，这次的来访可以看成是他寻求自由的开始。

斯坦因的到来会补偿他失去朋友的损失，而且，一旦他能够征服这个瓦格纳的信徒，这个来自拜洛特的哲学家，那么对那些轻视的人来说，将会是怎样的一种报复啊！他立即给这个年轻人回信表示了欢迎，他在信末的署名是“西尔斯 – 马利亚的孤独者”。

但是尼采却万万没有想到过，斯坦因此行还有另外一种原因。

斯坦因与科西玛 · 瓦格纳关系亲密，因此他现在来看尼采是征得她的同意的。而且，尼采本人只是和瓦格纳断交，但两人却并没有交恶。1883 年 2 月，瓦格纳去世后，尼采曾致信给科西玛 · 瓦格纳。

斯坦因写信对尼采说道：“我多么希望你今年夏天能到拜洛特，

听听《帕西法尔》啊！我怀着既大胆又胆怯的心情给你写信邀请你，并不是因为我是瓦格纳的信徒，而是因为像你这样的人也能成为《帕西法尔》的听众，以及你这样的听众也有一部属于自己的《帕西法尔》。"

科西玛·瓦格纳懂得尼采的价值。瓦格纳的声望现在都压在了她的身上，她需要延续瓦格纳从前的传统，保持遗风。如果能把尼采召回到自己身边，她就可以一举两得，既帮助了一个在孤独的努力中耗尽自己的稀有灵魂的非凡男子，同时也帮助了她自己。

在事业心这个层面上来比较，只有斯坦因能和瓦格纳相匹敌，在瓦格纳众多的弟子中，他最虚心。对他而言，《帕西法尔》中那种性质可疑的神秘主义并不是宗教的权威性语言，瓦格纳和席勒、歌德属于同一个文化传统，他们都是神话的创造者和所处时代、阶层的教育者，拜洛特剧院不是艺术的顶峰，而是对未来的承诺。

斯坦因急于完成自己的使命，但是尼采却对他说："你钦佩瓦格纳？谁又不呢？我曾经有和你一样的经历，甚至比你更了解他、崇敬他、听从他。我在他那里学到了他的生活方式——他的勇气和进取心。在别人眼里，我是一个忘恩负义的人，但我无法接受这个词。我一直都在进行我的工作。如果要考察'信徒'这个词的真正意义，我一直都是他的信徒。我相信你像我一样离开他，因为这种快乐会影响我们寻找真理的精神。这些可能性是闻所未闻的，只是我孤军奋战。因此，请给予我帮助，留在这里或再回来，这儿拥有比拜洛特更高的高度。"

斯坦因倾听着。

斯坦因只和尼采一起待了 3 天就离开了。他被深深地打动了，并和尼采约定在威尼斯重聚。

尼采感到了胜利的喜悦。斯坦因走后没几天，尼采就给他写了一封信，说道："不久之后，我们的邂逅就会显示出它的深远意义。不管你现在所属的那个小联盟是好还是坏，它的命运都会与我的紧紧相连。”

斯坦因回信说，他对西尔斯－马利亚的那些日子印象深刻，这是他一生中庄严神圣的时刻，接着他又谨慎地谈到了工作和职业对他的束缚，只有一句话他没有说，这句话是：“没错，我是你的。”

尼采此时正忙于制订各种各样的宏伟计划，而他“理想的修道院”的计划又被重新摆上了案头。他向梅森伯格发出了天真的建议，让她到威尼斯来跟他一起过冬。

9月，尼采去巴塞尔，欧维贝克到旅馆看过他，那时尼采正因为剧烈的头痛躺在床上。尼采身体虚弱但却十分健谈，在这次谈话中尼采向欧维贝克讲述了自己永恒轮回的思想，他的朋友感到了不安。尼采的声音低沉颤抖，他说：“总有一天，我们会再次出现在同一地点的，我还是我，像现在一样生病，而你还是会像现在一样惊讶。”

欧维贝克只是听着，为了避免发生争论，他一直都保持着沉默，他是怀着不祥的预感离开的。

伊丽莎白突然约尼采在苏黎世见面，宣布了自己的婚事，此时她已经是福斯特夫人了，并将随丈夫一起前往巴拉圭。

此时，指责已是多余的了，尼采也放弃了，他想抓紧最后的时间和妹妹相处。他们一起共度了6个星期的时光，无所不谈，尼采表面上十分快乐。

偶然间，尼采读到了一个通俗诗人弗雷里格拉特的作品，书封面上印着第38版，作者滑稽却又带着庄重的神态：“看吧，德国真正的诗人诞生了，所有的德国人都在读他的作品。”

从那一天起，尼采便决定做一个优秀的德国人，于是他也买了一本，但他最后读完时却是捧腹大笑——

“沙漠之王是狮子，

他将穿越自己的领地。”

他高声诵读着这些华而不实的诗，并以用弗雷里格拉特的风格即兴创作各种主题的短诗取乐，顿时，苏黎世的旅馆里就回荡着他孩子般的大笑。

一个老将军对这对兄妹说："嗨，是什么让你们这么高兴？我也想像你们一样尽情大笑，听到你们的笑声真让人妒忌啊！"

其实能让尼采感到高兴的事情不会太多。当他看到弗雷里格拉特诗集上第38版的字样时，他感受到了痛苦。

9月30日，尼采在给彼得·加斯特的信中这样写道："这种跟威尼斯一样美丽的天空已经持续好几天了。我收到了斯坦因写来的一封信。今年我收到了许多好东西，其中最珍贵的要数斯坦因。因为他是一个新的、真诚的朋友。"

兄妹俩离开了苏黎世，一个前往瑙姆堡，一个去了威尼斯。尼采中途在门托尼逗留了一段时间。他刚在那里安顿下来就写道："这是一个美丽的地方。我已经发现了8个地方可以散步。我需要完全的安静，所以我希望没有人来打扰我。"

憧憬朋友和失去妹妹这两件事深深地刺激着尼采，所以他那按捺不住的激情冲破了种种束缚。他听凭自己的灵感，信手写了大量的诗歌、歌词、短诗和警句。

同时，尼采还重新思考了那部尚未完成的《查拉图斯特拉如是说》。尼采这样写道："第四、五、六部分是必需的，无论发生什么，我都必须把我的儿子查拉图斯特拉引向一个崇高的结局。他充满活力，不肯给我片刻的宁静。"

10月底，尼采离开了门托尼前往威尼斯。

在那里，保尔·莱兹克很快就来陪他了。莱兹克是个四处漫游的"知识分子"，出生于德国，但从趣味来说是佛罗伦萨人。他因为一个偶然的机缘读到了尼采的作品，而且他理解了这些作品。他向出版商询问了这位作者的地址。

保尔给尼采的信寄出后，尼采立即亲切地回了一封信："请在今年冬天到威尼斯来，到时我们可以谈谈。"

此时，保尔已经熟读了《查拉图斯特拉如是说》的最后两个部分，并且在莱比锡的一份杂志和佛罗伦萨的《欧洲评论》上发表了关于这两个部分的精当摘要。

尼采到达威尼斯的当天早上就有人敲他房间的门。保尔温文尔雅地走进了他的房间，微笑着向他走来。尼采拉着保尔的胳膊，好奇地打量着这位看过自己著作的学生，"让我看看你是由什么组成的！"

尼采凝神注视着保尔。

保尔原本是要来向一位可怕的预言家表示敬意的，可站在面前的却是一个和蔼可亲、极其单纯的人，而且在他看来，这个人似乎还是德国教授中最谦虚的一个。

当他们一起走出房间时，保尔坦率地说出了自己的惊讶："老师……"

尼采微笑着说道："你是第一个这样称呼我的人。"

保尔继续说道："老师，请告诉我，你的作品受到人们怎样的误解啊！"

"不，不，今天不谈这个，你还不熟悉威尼斯，就让我带你看看这里的大海、山峦和可供散步的地方，如果你愿意，我们改天再谈。"

他们回来时已是晚上18时了，保尔发现尼采在散步时总是不知疲倦的。

每天上午6时是尼采给自己沏早茶的时间，那时他自己单独用茶。快到8时，保尔就会来敲他的房门，问他夜里睡得怎样以及打算怎样安排早上的时间。通常，尼采会去公共阅读厅看报纸，接着去海滨。保尔有时陪他一起散步，或者尊重他的意愿，让他独自散步。中午他们两个都会在公寓里吃饭。

下午他们一起出去散步。晚上尼采要写作，或者让保尔给他朗读一些作品，这些作品往往会是某部法文书，比如加利尼神父的《书信集》，司汤达的《红与黑》《阿芒斯》。

一个星期天里，尼采被一位年轻女士问到是否去过教堂。

尼采很有礼貌地回答说："今天还没有。"

保尔对尼采的谨慎感到敬佩。尼采解释说真理并不是适用于任何人，他还补充道："如果我让那位女士感到了不安，那么我会恐慌的。"

有时候尼采也会用憧憬未来的方式让自己感到愉悦。他曾经在吃饭时告诉他的邻居，说40年后整个欧洲都会知道尼采的名字。

这些好心的邻居回答说："很好啊，那你就把写的书借给我们看一下吧！"

可是尼采却拒绝了，他对保尔说："我的书并不是为普通民众所写的。"

保尔问："那么老师，你为什么要出版它们呢？"

尼采没有对此作出任何解释。

尼采总是把自己的梦想一遍一遍地讲给保尔听——要建立一个朋友联合会，一个理想主义者共同的村庄，就像爱默生生活的地方。

尼采经常带保尔去圣让半岛。他用《圣经》中的口吻对保尔说："我们将在这里扎帐篷。"他通常走得很远，直至找到他满意的小别墅。可是朋友联合会的事情没有定下来，他也没有告诉保尔自己想要的唯一信徒就是他唯一的朋友——海因里希·冯·斯坦因。

那时斯坦因并没有说要去，甚至连计划都没有。他没有对尼采作出任何表示。他仍然回到了德国，并见到了科西玛·瓦格纳。既然尼采要让他作出选择，他就选择了瓦格纳。

尼采已经预料到了这样的结局，他感到害怕。他感到悲哀，并以一首诗向这个年轻人表达了自己的看法：

哦，生命的正午！
哦，庄严的时刻！
哦，夏日里的花园！
我在那里带着不安的欢愉：倾听，等候！
日日夜夜，渴望着朋友，
你在哪里，朋友？来吧！
是时候了，是时候了！

斯坦因觉得自己应该给他回信。他写道："对于你这样的要求，我想只有一个回答才是合适的。那就是我必须把自己完全献给你。就像是把生命献给最伟大的事业，用毕生的时间去理解你的宣言。可是我不能。我每个月都要接待两个朋友，还要跟他们阅读瓦格纳专用词汇中的某些文章。要是你能够给我们提供课文那该多好。不知道你是否愿意用这种方式跟我们保持联系。通过这种联系，我想你可以离自己的理想更近一步。"

这封信激怒了尼采："又是瓦格纳挡住了我的路，这个谎言的艺术家，这个年轻人的骗子。夺走妹妹的福斯特是一个瓦格纳主义者，而斯坦因也是因为瓦格纳的缘故离开了我。"尼采孤军奋斗得来的是一种残酷的自由，他要一个人承受。

保尔注意到了尼采的痛苦，但是却看不出原因。尼采没有被打垮，仍然继续努力工作着。现在，他更加频繁地独自散步，他像一个舞蹈家一样轻快地在埃格莱斯林荫道上走过，有时还会欢呼雀跃一番，然后停下来记下些什么。

3 月的一个早晨，保尔像往常一样走进了尼采住的小屋。已经过了起床的时间，尼采仍然躺着。保尔十分不安地询问这是怎么回事。

尼采回答说："我病了，我刚刚分娩完。"

保尔充满了疑惑："你说什么？"

“我写完了查拉图斯特拉的第四部分。”

这第四部分没有最终结局，它只是像尼采所说的那样是一个奇特的片段，一个“插曲”而已。作品写到了这个英雄生活中的一段让很多读者感到汗颜的插曲：

有一些上等人爬上山，来到查拉图斯特拉隐居的地方。让查拉图斯特拉感到惊讶的是其中竟然有一个老教皇、一个老历史学家，还有一个老国王。他们都是一些可怜的人，有着自己的自卑，想要得到一个哲人的帮助。

在拜洛特变得苍白无力的天资卓越的斯坦因，正是因为这个来到了尼采的面前。查拉图斯特拉抑制住了自己的暴脾气，让这些上等人坐在了他的山洞里。他们的忧虑让他感到难过，所以他仔细地倾听着。

尼采也是这样接纳了斯坦因。

查拉图斯特拉的灵魂并不坚硬。他让自己受到了这些上等人的诱惑并对他们感到了同情，但却忘记了自己无法解救他们。他曾经寻找过朋友，也许随着他们的到来查拉图斯特拉真的找到了朋友。

尼采也曾希望从斯坦因那里得到帮助。

查拉图斯特拉离开了他的朋友们向山顶爬去。当他回到洞穴的时候，却发现那些上等人匍匐在一头驴子的面前。年迈的教皇在新的偶像前做着弥撒。

被尼采惊呆了的斯坦因也是这样跟他的朋友解读瓦格纳圣经的。查拉图斯特拉把他的客人们赶走了，想要为他的新世界找寻新的劳动者。

出版商都不接受《查拉图斯特拉如是说》的第四部分。几个月前，施迈茨勒就告诉他：“公众不会喜欢这些格言式的作品的。”尼采对这个声明还是挺满意的。因为对他来说，这件事到此为止了。

于是尼采自费刊印了40册手稿。其实他的朋友根本没有这么多。

他只找到了6个人——可是没有一个是配拥有这部书的。尽管他们可能收到了书却不是全都仔细阅读了这第四部分，也是最后一部分——这一个让《查拉图斯特拉如是说》结束却没有最后完成的插曲。

《查拉图斯特拉如是说》是尼采最优秀的作品，同时查拉图斯特拉这个人物的性格也是非常独特、复杂的，实际上在查拉图斯特拉身上寄托着尼采的理想和幻想，了解了查拉图斯特拉的性格，也会增加对尼采的了解。

尼采本人曾对于查拉图斯特拉的性格作过这样的描述："为了了解查拉图斯特拉的性格，你必先要很清楚地了解他的强健的生理条件，一种我称为'伟大的健康'的条件。凡是灵魂希求体验以前的价值，并想在这一理想的地中海作一次远航，他们将从自己的深奥之经验探索中，得知做一个理想的征服者与发现者是什么样的滋味——这样的人，先决地需要一件东西，就是'伟大的健康'——不仅只是静态的健康，而是不断地获取与必须获取。因为他要不断地耗费他的健康，并且必须耗费它！因此，现在我们理想的探索者们，我们既已在这路上走了这么远，我们的勇气比我们的谨慎更大，而且常常更易受损伤，但我说，比平常人所能承认的更大的健康，不断地康复。"

在这里可以看出，查拉图斯特拉有着如此"伟大的健康"而且非常勇敢，尼采写下这个人物，就是要鼓舞我们培养我们一种奋勇的精神，以展拓狂澜的生命，开拓新生的世界，在这个新的世界中，每个人将成为自己的主人，不必再做上帝的奴隶，因为上帝已经死了。

最终的孤寂与离世

一个真诚的、理性的人总是在寻找真理。理性渴求真理。你的理性渴求真理吗？你的理性是对真理的渴望吗？你准备为寻找真理而牺牲一切吗？

——尼采

创作 《善与恶的彼岸》

1884年，尼采没有继续创作《查拉图斯特拉如是说》，这使他感到遗憾，有时候想要重新拾起来继续写下去，不过这些都是他的一时兴起。尼采想："以后我应该自己表达意见了，而不是靠查拉图斯特拉。"他仍然有很多的想法没有被表达出来，他觉得十分惋惜。他于是开始了其他方面的尝试，重新走向了哲学的领域，试图利用抽象的语言来表达出那些隐藏的想法。

尼采在笔记本上写下了一些标题：《强力意志，对大自然新的解释》《强力意志，重新解释宇宙的一种尝试》。尼采通过这些尝试发展了叔本华的理论。他认为世间万物并不是靠盲目的生存意志而产生的，生存就意味着去征服和扩张。或许这个理论用盲目的强力意志来解释更加合理一些。

尼采充满恐惧地意识到，这是个庞大的工作，需要深思熟虑之后才能进行。尼采曾经希望那些哲学家和语言学家们能够为自己的想法作出合适的分析。可是现在没有人能够帮助他，他只能自己一个人承担起思考的任务。

尼采想要的不是没有激情迸发出来的思想。他渴望的是生命本能的力量，他还渴望着威尼斯能够出现晴朗的天空，这样他就可以摆脱威尼斯公寓中糟糕的伙食和人群了。

在4月和5月里，尼采待在威尼斯，他重新找到了渴望已久的欢乐。他在一条条树木掩映的街道上散步，他聆听着朋友们的音乐。尼采散步的地方在圣马克广场的游廊下，他比较了以弗所的柱廊，知道赫拉克利特正是在那个地方忘记了希腊人和波斯帝国的威胁。

他想："只要在这里，我就很容易便能忘掉那个阴沉的帝国，尽管那是我自己的国度。但还是不要用言语来诋毁这个给我们提供美丽的避难所的欧洲吧！圣马克广场就是我目前为止最好的工作室。"

尼采写诗的欲望被这种短暂的快乐唤醒了。他想起了被自己淡忘的查拉图斯特拉，想起了他应该被称颂的胜利和死亡。

6月，尼采回到了恩加丁。他一直生活在旅馆当中，偶然间有了一个秘书，她给了尼采不少帮助。他口头向她讲述了自己的思想，并希望能更加准确地理解它。

尼采这么做，是要去批判那些对现代的欧洲人造成束缚的道德标准、道德判断和道德惯例，以此来评估它们的价值并确定一个道德的等级标准。他的最终目的是要实现"对一切价值的重新评估"。他在那个时候就已经意识到并成功解释了一些美德，这些美德如今都已经受到了贬斥，因为它们是旧式贵族的生活习惯和外在趋向，是更加有力的道德源泉。

尼采还研究过罗尔弗写的《生物学问题》，他在里面找到了一些关于生命成长的分析。他当时还重新阅读了戈宾纳奥的某些作品，因为尼采敬佩这个人。

可是，尼采当时已经42岁了，完全超出了学习的年纪，而且他早已有了自己的思想。阅读只能促使他进行思考并令他的思考变得丰富，但是已经不可能再一次引导他产生新的思想了。

因为失眠，尼采十分艰难地工作，最后终于坚持下来了。伊丽莎白马上要跟着丈夫去南美了，他没有在送她的时候给妹妹一个拥抱，因为这会使他感到心情更加沉重。

一周以后，尼采有了新的计划。他跟出版商谈判，看他们是否愿意重新购买自己写的书并且把原来的再版。他丝毫都没有隐瞒自己艰难的处境，他说："这些都只有我一个人去面对，它们就像是一个原始森林，很不幸，我在里面迷路了。我需要大家的帮助，需要一个老师和众多的学生。如果我生病了，那么我就会听医生的话。如果我能找到一个在道德层面给我启发的人，我将会追随他的脚步。可是我什么人都找不到，没有学生，更没有老师，我总是孤单一人。”

伊丽莎白再次提出建议：“你应该回到大学里去，以前那些年轻人总是听你的话，现在也是一样的。”

尼采回答说：“年轻人都是愚蠢的。教授们更是无药可救了。再说，德国所有的大学都排斥我，我能去哪里呢？”

伊丽莎白建议说：“去苏黎世吧！”

尼采不同意：“我只能够接受威尼斯。”

尼采去莱比锡跟出版商谈判，可是出版商对他却是漫不经心的。在没有卖出一本书的情况下，他又回到了瑙姆堡，然后就出发去往他理想中的地方了。

这次尼采想去塔斯肯的亚平宁山脉中的瓦隆布罗萨，目前正在佛罗伦萨等尼采的保尔曾经推荐过这个地方。尼采经过慕尼黑时拜访了他之前的一个朋友拜伦·冯·塞利兹，拜伦向妻子介绍了尼采，并展示了自己那来自日本的藏品。尼采喜欢那些来自异国的邮票，它们小巧玲珑、色彩鲜艳，与德国散发出来的忧郁和悲哀的现代情调并不协调。

拜伦懂得美，懂得如何去享受生活，这一点使尼采十分羡慕。他在给妹妹的信中说：“亲爱的伊丽莎白，或许你该帮我找一个妻子了。她得是一个年轻、漂亮、勇敢、可爱的人，一个阿莉妮·冯·塞利兹一样的人。”

当尼采到达托斯卡纳的时候，保尔陪同他游玩。他带领尼采走上圣米纽托高地的阿赛特天文台，那里有一个非常难得的读过尼采作品的人。莱伯利奇·坦培尔的桌上堆满了稀奇古怪的仪器，仪器的旁边就放着尼采的作品，有很多他都能够熟记，他很高兴地为尼采背诵起来。在尼采看来，莱伯利奇·坦培尔是一个非常高尚、诚挚而且没有任何偏见的人。

他们两个谈了半个小时，好像彼此间已经很了解了。尼采走时十分感动地对保尔说："我真希望这个人没有读过我的书，他太聪明了，我的思想会伤害到他的。"

因为从佛罗伦萨山顶上吹下来的寒风让尼采感到不舒服，所以尼采并没有在托斯卡纳停留多久。

1885 年 11 月 15 日，他从威尼斯给妹妹写了一封信："我的血管里流着奇怪的鼹鼠式和哈姆雷特式的血液，对我来说，在同一时刻去感受一下莱比锡、慕尼黑、佛罗伦萨、热那亚以及威尼斯的气候是很好的，起码没有坏处。"

尼采在另一封信中写道："我现在回归了理性，因为我回到了威尼斯。"他甚至兴奋地以观察这个城市来作为消遣活动。他的窗外就是威尼斯广场，空气中充满了征服者们和自诩为"超级欧洲人"的人们的动静，他们给了尼采自信的力量，他们告诉他说："现在你在自己的家里了……"

尼采又重新拾起了以前的习惯，在阳光照耀下的小路上散步，从这里他可以看到远处的大海。过去 7 年里的记忆把他跟这里的风景联系在了一起，让他倾听、追随着心中的幻想。尼采没有虚度这样的时光，每一刻都是快乐的，他留下了诗歌、格言或者一些歌曲。

此时，尼采把诋毁现代人作为了乐趣，在他看来，一个可以预示未来的哲学家就必须否定他所处的时代，不管这个时代是好是坏。尼采坚定地宣言说："只有那些知道怎样保持孤独与冷漠的人才能称得上是伟大的人。他知道怎么到达善与恶的彼岸，因为他有着强大的意志。这就是伟大。"

但尼采又发问："伟大真的能在当今社会中生存下去吗?"他从 26 岁起就一直在寻求着解决之道。

不但诋毁现代人，尼采还诋毁德国人，这是他另一个更加活跃的兴趣。欧洲都已经德国化了，显得那么没有教养。

即将迎来新的一年，尼采好像已经看到了眼前的幸福，但跳动的思维与幻想带来的快乐不能彻底满足他。威尼斯的人们和这里的威尼斯广场已经不能吸引尼采的注意力了。

尼采开始对自己住的公寓感到了厌恶：里面的家具有太多人用过，而客厅则因为是公用的地方而变得一团糟。很快，天气变冷了。尼采因为贫穷而无法得到应有的温暖。德国式的暖炉和寒冷使他感到悲哀，因为他用不起。公寓里总是乱哄哄的，尼采从来不能得到片刻的宁静。右面是一个小孩，他总是把天平弄出“吧嗒吧嗒”的声音；楼上是两个业余的音乐爱好者，正在练习小号和小提琴。

尼采回到了瑙姆堡，圣诞节那天，他写了一封信给妹妹，他在信中说：“这里没有一个人可以陪我欢乐，这是多么无聊的生活啊！……又是圣诞节了，我却还要继续像以前那样过着悲哀的生活，像是一个流浪的人、一个蔑视整个人类的愤世嫉俗者一样生活。”

1886 年的前三个月里，尼采的忧郁症好像是减轻了。他有大约 4 年时间没有公开发表自己的随笔了。他打算从这些笔记中整理出一本书，因为这里面有着丰富的材料，而他现在要做的就是去好好选择一下哪些可以用。

同时，尼采总是觉得必须要写那部去年考虑的作品，他希望尽量不去受到自己良心的责备。因为他想要找到一些乐趣，可以通过写一部生动的作品来实现。他已经想好了一个标题《善恶的彼岸》，当然会有一个副标题，叫作《通往未来哲学的序曲》。不久之后他就发表了这部被一拖再拖的重要的作品。

以前尼采对发表一部完整的作品会感到高兴和自信，可是现在，他的快乐和自信都消失得无影无踪了。因为他知道，没有人会读自己的书。实际上，他连愿意出版《善恶的彼岸》的出版商都找不到。为此，尼采写信给妹妹说：“我除了把手稿放起来，再也没有别的办法了。”

尼采在春天住在威尼斯城。可是他没有见到正在访问德国的朋友彼得·加斯特。彼得写了一部叫作《威尼斯的雄狮》的歌剧，他正想在德国找个能够“安置”自己的音乐的环境。同尼采的手稿一样，这个剧目也遭受到了被拒绝的命运。

尼采在信中给了彼得安慰和鼓励：“回来吧，像我一样跟孤独做伴吧，只有我俩才知道应该如何在孤独中生存。瓦格纳主义拦住了你的去路，挡在你面前的还有那种德国人的粗鄙和迟钝，正是‘帝国’的建立使这些东西迅速成长。我们必须要小心翼翼地前行，否则会在沉默中消亡的。”

尼采觉得由于有这样一个同样处在困苦中的同志，他自己的孤独感被慢慢削弱了。彼得·加斯特没有钱用了，尼采就会告诉他说：“我俩可以共同享用我拥有的这一点点东西，当然包括钱包。”

彼得·加斯特变得越来越沮丧，越来越没有信心，尼采也经历过这种巨大的痛苦，他在信中告诉彼得：“请不要垂头丧气，我是相信你的，因为我需要你的音乐，没有你和你的音乐，我是活不下去的。”

就算在威尼斯，尼采脆弱的视觉神经也被外面强烈的阳光刺伤了。他总是把自己锁在门窗紧闭的屋子里，就像他以前在巴塞尔一样，不会让自己去享受意大利晴朗的天气。

尼采想起了德国的那片巨大的森林，里面阴暗凉爽，对他的眼睛十分有利。这样一来他又对自己的祖国怀有了一种愧疚的心情。他一直认为叔本华和瓦格纳是自己的老师，因为他们也是德国人。如果说尼采也有过自己的弟子或是信徒的话，那也应该是出生在德国。

尼采听说欧文已经成为莱比锡大学的教授了，他感到很高兴。他用优美得体的话语给欧文发去了祝贺，可是他由此又陷入了一种很难过的情感之中。

尼采突然想离开这里回去见见自己的母亲了，尼采还想去听一下他的朋友们的讲课，最重要的是要跟那些每年印 20000 册书而拒绝自己书稿的出版商进行交涉。于是他离开了威尼斯，出发前往莱比锡。

尼采去看望了欧文，可是很不凑巧，欧文正在忙碌之中，显得心神不安。欧文发觉尼采身上开始有了一种陌生的东西，而以前的尼采好像已经消失了。

尼采说："我想听你讲课。"

欧文把尼采带到一群对他的名字和作品毫无所知的年轻人中间，让他听他们的谈话。尼采听完之后就走了，他给妹妹写信时说："我已经无法同任何人进行交流了。对我来说，莱比锡不是我的避难所，同样无法让我在此地休息。"

尼采本来可以离开莱比锡，但是同出版商艰难的谈判把他困在了这里。他与各种出版商都交涉过，但都无功而返。直至最后，他的自尊让他无法忍受这一切了，他要自费出版这部作品。

尼采的母亲生活在瑙姆堡，伊丽莎白离开后，她就一个人生活在那里。尼采产生了对母亲的同情心，他知道母亲现在凄凉的生活，知道母亲对他作品的失望。他反复对母亲说："你不要去管我的作品说什么，甚至不要去读，因为它们并不是为你写的。"

可是，母亲有着强烈的好奇心，这使她一次次地读过尼采的作品后又一次次地产生了不满的情绪。尼采又在家里待了一周，可是却无法掩饰自己的烦恼。这使尼采的母亲感到心酸，最后尼采不得不在更加不愉快的氛围下走了。

尼采经过慕尼黑的时候去拜访了拜伦·冯·塞利兹一家，希望能从他们身上得到一点儿什么补偿。可是很不巧，塞利兹并不在家。

尼采走了，他踏上了前往恩加丁的路途，很期待能从那里得到些对自己有益的东西。

7 月，尼采到达了被大雾包围着的寒冷的恩加丁，同时产生了一些不太好的病痛，这是他以后忧郁症的开始。

艰难创作《强力意志》

1886年的夏天，尼采正在西尔斯，一批音乐家路过这里，他们发现尼采喜欢他们的音乐并十分高兴能在此见到尼采。这种发自内心的欢迎使尼采感动了。

他给彼得写信说："我知道，那些艺术家们是为了我而歌唱、演奏的，要是一直这么下去的话，我是会被他们宠坏的。"

然而，这是一种十分卑微的安慰。尼采正处在他生命中十分重要的阶段，这时候无论他怎么逃避，终究会认识到命运给了他什么、拒绝给他什么。他不得不把心中留存的一点儿希望抛弃。

他写信给彼得说："最近我感到十分悲伤，忧郁经常让我睡不着觉。"

尼采给妹妹的信中充满了可怕的力量，以及那些难以名状的孤独："那些朋友们都在哪里，我曾经以为我们的关系是那么密切。我们好像生活在不同的世界中，没有共同语言让我们交流。无法交流其实才是最可怕的孤独，它让人们戴上了比铜面具更坚固的东西——所谓完美的友情只会存在于平等的人之间。一个思想深刻的人身边需要朋友，除非他已经有了一个上帝。可是我既没有上帝也没有朋友。唉，我亲爱的妹妹啊，你的那些朋友们，现在还是你的朋友吗？"

这时，尼采又开始艰难地创作《强力意志》。回到德国又改变了他原来的计划。他想："我为什么要写这种充满战斗精神的书呢？没有读者，没有朋友，既然欧洲继续堕落了下去，那我为何不顺其自然呢？我知道总有一天它会振作起来，可是我却看不到那一天了。到那个时候，我的作品就会被后人发现，我也会有读者了。为了后来的人们，我应该写下去，我应该确立我的基本思想。可是现在我不能参加战斗，因为我连敌人也没有。”

7月初，当尼采离开德国时，他拟订了一个周密的计划。9月份时他写道：“接下来的4年里，我会把这部完整的作品分成4卷。只看题目就会让人感到震惊：《强力意志，对一切价值重新估价的一种尝试》。为此，所有的一切包括健康、孤独、好的心情对我来说都是十分必要的，或许一个妻子也是必要的。”

尼采要去科西嘉，他对这个未经开发的小岛充满了兴趣，而且他想起了岛上的小镇科尔特：“在那里，拿破仑只是处在孕育之中，他还没有诞生——这是一个有着象征意义的地方。在那里，我能够对一切价值进行重新评估……对我来说，这个也是一个正在孕育的想法。”

这是一部拿破仑式的作品，光看它的题目就能够吸引那些好战分子。尼采一直在寻找着“由恶而产生的结果”，现在处于自然界中心位置的是一种贪婪的力量，其他任何与这种力量相对抗的行为都是错误和弱小的。尼采把这一点记了下来：当人们把心中的机警同他们天生的野蛮的本能相结合的时候，他们才会变得伟大。

尼采通过对各种疑难问题的深思熟虑之后，得到了这样一条残酷而又可靠的真理：“一个人必须要有将真理说出来的勇气！”他试着让自己朝这个方向发展，但是结果却并不能让他感到满意。

尼采避开了自己长期从事的工作，他怕自己随意断言什么是对什么是错。那个唯利是图的出版商弗利兹答应他说，要是有人资助，他就会将尼采的《悲剧的诞生》、《朝霞》和《快乐的科学》进行第二版的印刷。

尼采早就想这样做了，他想为以前写的这些作品再加一个序言，或许还能做点儿增补的工作。

他没有去科西嘉岛，而是去了热那亚海湾的鲁塔。鲁塔在菲诺港边，离拉帕洛并不远，那里有长满树木的山峰，它们一直突入到了海中。他又回到了查拉图斯特拉对他诉说情怀时的地方，在这里得到了往日愉快回忆的鼓励。

8月，尼采无法实现自己在德国出版《善恶的彼岸》这部作品的愿望，于是他把这部书寄给了国外的两个人。一个是丹麦人乔治·勃兰兑斯，另一个是法国人希波莱特·丹纳。乔治并没有给他回信。

而10月17日，希波莱特写了一封给尼采带来愉悦感的信："看到你寄来的作品时，我刚刚旅行回来。像你自己所言，这本书中充满了'背时的思想'。里面那种生动、文雅的形式，那种充满激情的风格和那些像是悖论的转折点，应该能够让那些希望了解你的读者感到新奇。我要向那些哲学家们推荐你写的关于哲学的第一部分，向历史学家和评论家们推荐你的有价值的新鲜的思想。非常感谢你的来信。"

保尔·莱兹克同尼采已经有18个月没有见面了，这次他们在鲁塔相聚了，尼采身上发生的巨大变化让保尔感到意外：尼采的体重下降了很多，脸上也变了不少。可是不论生活怎样给尼采带来沉重的压力，他总是面带深情而纯真的、孩子般的笑容。

尼采带着保尔登上那座可以看到阿尔卑斯山雪景和远处壮观的大海的山峰。他们在风景优美的地方驻足，用老树木和葡萄藤的细枝点起火来，尼采大声欢呼着，向着腾起的火焰和烟雾致礼。

尼采在鲁塔的旅馆之中起草了《朝霞》和《快乐的科学》这两本书的前言。在前言中尼采用欢快的语言描述了自己精神上的冒险历程。

尼采这样写的同时，也在与他沮丧的心情作斗争，他当时服用过一种由水合氯醛和印度大麻组成的浓缩剂，这种药物小剂量服用的时候可以安神，但是剂量太大就会导致精神亢奋。多数神经质的病人都会这样做。

尼采很喜欢这个海岸，他在给彼得写信时说道："你想象一下一个本属于古希腊群岛的岛屿被风吹到了这里，从此留在了这个充满了掠夺者、危险和欺诈的海滩上。”

尼采本来想在这里度过下一个冬天，可是后来却改变了主意，想要回威尼斯去。保尔劝说他留下来，可是尼采没有听从他的建议。

保尔对尼采说：“你总是在抱怨说没有人理解你，这是为什么呢？你不是没有追随者，而是你总让他们感到没有前进的动力。你把我带到了这里，甚至还请了彼得·加斯特，你为什么要自己离开呢？”

尼采回答说：“因为我需要威尼斯，需要那里的阳光和空气，那里的海湾中住着我需要的天使。”

尼采一个人走了。他在这个冬天里写完了序言，重新审视并修改了原来的作品。他像往常一样把手稿寄给了彼得。

1887 年 2 月，尼采给彼得写信说：“现在读我的作品，要带着严重的怀疑才行。要给我提意见请直说；这里怎么改，那里怎么改，我喜欢这一段而不喜欢那一段，就这么简单。”

尼采现在也读其他的书，现在的他不像之前那样怀着严格的成见去看，而是带着一种奇怪的好奇心。

1887 年的头几个月里，尼采同某个叫 V. P. 夫人的人关系相当密切。他们曾经一起去过圣雷莫和蒙特卡洛。V. P. 夫人跟尼采一同去听了在蒙特卡洛举行的克西纳音乐会。尼采这时并没有产生痛苦的情绪，因为他感觉必须要对别人、对自己宽容一些。

布克哈特经常对尼采说：“你是一个多么出色的历史学家啊！”希波莱特·丹纳也说过类似的话，但是尼采并没有沾沾自喜，因为他看不起像历史学家或批判家的这种职业。

尼采在威尼斯遇到一个年轻的德国人，这个年轻人对他说，蒂宾根的教授们把他看作是一个有感染力的人。这使尼采感到悲伤。他没有让自己从同情和爱的浪漫主义中脱身，也没有让自己陷入到浪漫主义的反面——暴力。他渴望成为一个诗人，一个道德学家，一个受人尊敬、安静平和的创造者。可是没有人、读者或者朋友能够理解他。

3 月初，威尼斯发生了一场强烈的地震，这使旅居此地的来自世界各地的流浪者都感到十分恐惧。尼采对这种大自然的力量感到十分敬畏，因为它可以告诉人们不要忘了自己是多么卑微。他感叹道："真是壮观啊，一下子就摧毁了 2000 人，真是一件奇妙的事情。人类会迎来这样的末日的——总会有一天，地球也会这样结束生命。"

保尔说："要是这样我们也会完蛋的。"

可是尼采却回答说："这又有什么关系呢？"

3 月 7 日，尼采写道："到目前为止，我怀着一种嘲讽的态度活在这些愚笨的人中间。可是人们无法对自己负责，因为不知道哪一天我们会失去理智。这是一个具有魅力的事件，我们无法控制。"

3 月中旬，尼采就写完了他的序言。像他在其中一篇中提到的那样："尼采的疾病及其康复跟我们有什么关系呢？让我们坦率地表达，坦率地去做人吧！"

3 月 17 日，尼采写了一份计划：第一本书：《欧洲的虚无主义》；第二本书：《对较高价值的批判》；第三本书：《一种新的评价原则》；第四本书：《训练与选择》。

每年春天里，尼采都会处于一种忧郁的、心神不定的状态。他在威尼斯和恩加丁之间犹豫着，想知道在哪个城市会找到明亮而不感到炎热的地方，找到那种不会伤害眼睛的柔和的阳光。

这时，尼采想到了意大利的湖泊，于是他离开了威尼斯，去了马焦雷湖。刚开始的时候，这个四面环山的小型地中海使他感到兴奋。他说："我被这个比地中海更美丽的地方打动了。大海作为一种庞大的事物，有着它独特的愚蠢和粗鄙，但是马焦雷湖却没有。"

尼采重新校对了《快乐的科学》，又读了一遍《人性的，太人性的》。这时他停了下来，思考着为什么他的作品不能得到大家的认可。

很快尼采就从这种令人伤心的思考中跳了出来，还是未完成的作品比较重要。他强迫自己开始思考，直至再次变得筋疲力尽为止。他想要再去一次威尼斯，但是由于身体的原因马上又打消了这个念头。

尼采感到越来越无聊，甚至跟欧文在书信中发生了争吵。他给这位以前最亲密的朋友写信，忍不住说了一些恶毒的言语。

欧文不喜欢尼采的这种语气。与尼采不同，他是一位教授，在欧洲学者中很有声誉。他不能忍受尼采的这种无礼行为，因此在回信中他决定捍卫自己的尊严。或许是言辞太过激烈，后来欧文将这封信收回并销毁了。

这件事影响了尼采的情绪，同时也使他的身体感到不适。于是他决定听从医生的安排，去瑞士库尔的一个机构接受温泉治疗。

可是什么也阻止不了尼采的工作，他要去解释自己提出的不同的道德价值。可是无论尼采怎么努力，他的第三本书《一种新的评价原则》还是没有写出来。

一个让尼采伤心的消息把他从深渊中带了出来。海因里希·冯·斯坦因死于心力交瘁，去世时还不到30岁。

尼采写信跟彼得·加斯特说："这个消息简直让我发疯了，因为我是那么地爱着斯坦因。我不时想，总有一天他会理解我的。有些人的存在让我感到愉快，他就是这一小批人中间的一个，而且他也总是很信任我……正是在这里，我们欢快地游玩。我将给他最高的敬意，这也是我最珍贵的回忆之一，它将被铭记在我的心中。"

又过了3个星期了，尼采仍然为斯坦因的去世而感到心情低落。虽然他的思考因为伤心而变得迟缓，但是因为疲惫而加重了他的急躁心情。

一位瑞士评论家维德曼先生刚写了一篇关于《善恶的彼岸》的文章，他在这篇文章中只看到了一种无政府主义的精神。他说："这简直就是炸药。"

尼采立刻就不同意了，他在短短15天里写了3篇短文，总的题目叫作《道德的谱系》。他在扉页中写道：

我写这些是为了解释我的最新作品《善恶的彼岸》。

……我说过了，我会把自己放在善恶的彼岸。这难道说我就可以不受任何道德的约束吗？不是的。我只是在挑战下面的事实：它把温顺当作善良，并加以褒奖，而把力量当作恶，还对其进行诋毁。可是人类整个道德的历史之中还有其他的大量我们不熟悉的道德价值，善也不只是以一种方式存在着，还有很多所谓的高尚或无耻的行为。现在人们必须要去探索，要去创造出新的道德。

过了几个月，尼采又写了一段话来解释这些："我曾希望自己发射过一枚具有更大爆炸力的炸弹。"他说两种道德的差别就是主人跟奴隶的差别，一种道德适用于主人，而另一种则用于奴隶身上。他还发掘了"善"和"恶"的词根，想在里面找到它们原来的意思。他说"善"来源于"战士"，而"恶"来源于"黑色"。

与悲观情绪进行抗争

1887 年 7 月 18 日，尼采正在西尔斯－马利亚，他给彼得写了一封信，宣告了一部新作品的诞生："最近我享受了一段很好的时光，这段时间里我起草了一部作品，它的篇幅虽然不大，但是我却能够说它更好地诠释了我之前所写的那本书。现在我 43 岁了，写过 15 本书。另外通过我的经历让我感受到一个不愿说出口的事实，就是即便我愿意放弃自己的著作权，也没有任何一个德国出版商愿意理睬我。或许我今天完成的小册子能让我的书多卖几本，当人们可以理解我的时候，我已经不能获得任何好处了，或许我早就已经离开人世很久了。"

7 月 20 日，尼采用快递将书稿寄给了出版商。7 月 24 日，他发电报要求退回书稿来增加一些章节。整个夏天里，他都是在不安和忧郁中度过的，当然还有对书稿的修饰。他对这部作品很看重，想使它能更有说服力，因此一直都没有停止过对它的增删和润色的工作。

8 月底的时候，尼采发现在第一部分的最后还有一小块空白，所以他添加了按语，指出了自己没有研究的问题。

9 月，恩加丁的气候开始变冷，尼采的校对工作也已经结束了。他总是在四处漂泊游荡，现在又是寻找新的住所和工作的时候了。

由于彼得正在威尼斯，这个城市号称有"上百个孤独者"居住在其中，尼采也在那里住了几个星期，成了一个基本快乐的流浪者。

彼得说尼采在那里简直就是在虚度时光，他什么也不做。他不愿待在莱比锡的图书馆里，也不打算让自己躲在某个小房间里。他经常出去散步，去光顾那些不太干净的"食品店"。在那里，那些身份卑微的下层人民聚在里面吃饭。

一旦光线太过强烈，尼采就会到阴凉的地方去放松一下自己的眼睛。快到黄昏时，他就开始了他那没完没了的散步。他一直凝望远处的圣马克广场和广场上成群的鸽子，还有环礁湖和教堂。

尼采继续思索着作品下一步该怎么写，他想让自己的作品符合逻辑又要自然生动，要简明扼要又有丰富的细节，每个字身上都刻着神秘的烙印但是叫人一看就会明白。总之，尼采就是想让自己的作品像他喜爱的威尼斯一样，有着最高的意志和优雅的狂想。

10 月 22 日，尼采到达了威尼斯。他在威尼斯一共待了两个星期，期间发生了两件重要的事件。一是他失去了一个交往很久的朋友；另一个则是有了一个新的读者。

失去的朋友是欧文。他们两个去年春天就开始了争吵，现在两人的矛盾达到了顶点，他跟欧文的关系就此破裂了。

他的新读者是乔治·勃兰兑斯。他回信感谢了尼采寄给他《道德的谱系》这本书，他的回信充满了对尼采处境及观点的理解：“我同你一样，也不赞同禁欲主义的理想，对那些民主主义的庸人们感到失望与痛恨。我很欣赏你这样的贵族激进主义。可是我不明白你为什么对怜悯道德进行蔑视。不管怎么样，我要对你献上我最诚挚的敬意，因为你身上几乎没有教授那种难以接近的气息，我愿意与你交谈……”

到现在为止，尼采找到了两个愿意了解自己作品的人，这两个人都充满了才华，一个是勃兰兑斯，一个是丹纳。

大约在同时，勃拉姆斯也读起了《善恶的彼岸》，并且读得津津有味。彼得把勃拉姆斯的《生命颂》改编成了一首管弦乐，而尼采在监督并指导他进行修改的时候不时地发出对勃拉姆斯作品的赞美，称赞这种新鲜的充满活力的形式。

尼采读了新近出版的龚古尔兄弟的日记；有时候还跟福楼拜、圣贝甫、戈蒂埃、丹纳、格瓦里和勒南一起在梅尼家里聚餐。他不会让这些消遣活动阻碍自己的创作灵感。他要写一部具有决定性意义的用智慧话语表达的作品，要写一部平静得使辩论性的话语都低下头的作品。

尼采把歌德看作是激发他新的作品灵感的关键。歌德没有从负面评价过人类的诸多生产生活的观点，也没有否认理性社会的产生。歌德像是宽宏的贵族一样接受了人类留存下来的大批文化遗产。

这些就成了尼采最后的希望。他渴望着自己能在生命最后的日子里，像是即将落山的太阳那样放射出柔和美丽的光芒，去照亮尘世中的一切价值，去净化世人那沾染了些许灰尘的灵魂。

尼采很轻易地就找到了《欧洲的虚无主义》和《对更高价值的批判》的写作思想与理念。尼采在这4年间总是在分析和批判着世上发生的一切，好的或者坏的。他奋笔疾书，尽力大声呼喊着："我追求的是新鲜的空气，而欧洲荒唐的现状却在阻碍着思想的发展，不能再这样下去了。"

尼采把懦弱扔到了一边，此后他的思想按照自己的希望保持了平静的状态。然后他提出一个问题："欧洲现状真的是荒唐的吗？或许是因为有一些逃过我们眼睛的东西造成了这一现象。我们必须要能在这原因之下认识到某种有用的值得保存下来的价值。这些都是后世所必需的，它们毫无疑问地对以后的世界是有益的，可是在我们眼里，它们是可悲的。"

尼采压制住自己的厌恶情绪，尽量让自己不使用侮辱性的语言，而是静下心来慢慢考虑被谴责的对象。他曾提问说："难道群众就没有寻找真理和信仰的权利吗，群众才是人类的基础，是他们创造了整个文化。没有群众，何谈主人？我们得让他们明白劳动也是有尊严的。要是这样他们就会通过劳动而变得更加温顺的话，那就说明他们现在的信仰对一切都是有好处的。”

1887 年年底，尼采已经将他打算写的那部综合性作品的基本框架创建好了。他赋予了以前曾经鄙视过、辱骂过的那些不同的动机以某种权利和尊严。

这时，尼采写作的宗旨跟以前的十分相似：“人道主义倾向并不以反生命为前提，他们适用于任何平庸的群众，也适用于要使群众得到满足的人们。基督教的各种不同的倾向也是仁慈的，我们无法找到其他什么别的东西能够像它们一样具有让人感到称心的恒久性。这是因为那些倾向适用于所有遭受苦难和衰弱的人，并且还有恭顺的态度而不是反抗的精神。如果有可能的话，满怀着爱去接受那些不可避免的痛苦和虚弱，这样对人们来说是有益而无害的。”

12 月 14 日，尼采给卡尔·弗挈斯写了一封信：“在最近这几年中，我心中的焦虑达到了一种无可复加的地步。现在，我即将得到被人认可的机会，我首先要学会改变我自己，要为了更高的一种形式来使自己变得更加客观。我不知道我现在是否已经老了，我也不知道哪一类青年时期的生活对我有益。他们并不明白我的中心思想在哪儿，也不知道我在什么时候、如何变得这样怪。”

1888 年 1 月份，尼采对自己的敏感和烦躁感到不满，1 月 15 日，他写信给彼得说道：“对我来说，生活从来都没有像今天一样艰难。我已经不能同现实保持良好的关系了：如果我不能成功将它们遗忘，那么我就会被它们撕碎，一旦我陷入到忧伤之中，我面前的就只有无尽的黑暗。我有那么多事情要去做，所以我必须要挺住。在每天早上，我都要去暗示自己好好生活。我不能再沉浸在自我当中了，我必须要去面对现实。我似乎站在一个更高的高度来面对自我、思考自我。”

尼采思考着，总结着现代欧洲人：“我们要怎么从一个由强健的人组成并有着古典趣味的种族中解脱出来呢？古典趣味就是指简化的和强化的意志，就是要真诚袒露内心的勇气。要让自己从这种类似混沌的状态中走出来并走上一个新的有机状态，我们就必须要受到一种强制性的约束。起源于恐怖和暴力的种族才有可能占据优势。这就是问题所在：20 世纪究竟谁才是野蛮人？很显然，他们是出现在巨大的社会主义危机之下的，对他们来说，这些危机可以使他们显示出最持久的恒定性，也是最持久意志生成的保证。”

尼采不断在笔记上记下自己研究的成果：

> 阻止现代性的最好障碍和治疗现代性的最好良药：与真正战争相关联的义务兵役制度，这样的战争可以不让他们的头脑变得更加轻浮；单纯集中的民族偏见。

尼采曾经侮辱过民族主义，可是现在这个艰难的时候，尼采为了找到支撑点，又回到了民族主义之中。

尼采在继续研究的过程中预见到了一种政党形式，这种形式只可能是实证主义民主形式或者是其改良后的形式。他对这种政党表示了赞同，还给它下了定义。他看到了这两种有能力训导人类的有力而又健全的组织的特征：

> 一个不会凭借感情做事的和平政党将拒绝自身以及其中成员之间进行的斗争，也拒绝他们走进法庭之中。它将会挑起对自身的斗争、反对甚至迫害。它至少在一段可预见的时间内会成为一个被压迫者的政党。不久后，这个伟大的政党就会出现反对怨恨和报复的情绪。

一个好战的政党将用相同的逻辑来严厉地反对自己。它会在一种对立的观念之中寻求发展。

这个笔记是尼采草草写就的，尼采总是会观察四面八方的事物，而不将目光停留在一件事上。他对工人阶级的清教徒主义感到不满，因为他知道人类灿烂的文化是随着贵族政治而维持或者消亡的。

尼采曾经宣言说自己要在有生之年找到一个可以支撑更高级文化的基础。有时候他感觉自己找到了，可是这个基础强加给他一种无法容忍的狭隘倾向，因此他就放弃了这个虚无的基础。

尼采现在要去找寻一个可靠的支撑。他找到了民族主义，这成了他唯一的避难所。可是尼采却又要从中抽身。

尼采不去理会那些民族主义的思想，他又回头去追求自己的目标，他想到了拿破仑和歌德，两个人都没有受到自己所处时代和国民偏见的限制。他们两个是如此不同，一个是战士，一个是诗人；拿破仑让人们去屈从和沉默，歌德则在观察和沉思。他们正是尼采每次作重大决定时必定出现的一对形象。

尼采给母亲和妹妹写了几封信，他在给这两个人写信时带着一种温柔，他在信中宣泄着自己的感情，好像很乐意再次变成母亲膝下的幼子。他对母亲很是谦逊，他署名是“你的老儿子”。他跟妹妹则像是长年的伙伴一样交谈着，似乎忘记了以前的种种不满情绪。

尼采乐于听从妹妹的话，而妹妹也经常给他提出一些看似聪明的建议。当尼采抱怨自己是多么孤独的时候，她就会问你为什么不去当教授呢，为什么不去结婚呢？尼采很轻易就回答了这些问题：“我该去哪里找我的妻子啊！如果我恰好找到一个，我想我并没有权利去要求她同我分担我的一切。”

1888 年 1 月 25 日，尼采像往常一样去散步的时候，听见不远处传来了欢快的笑声。那个高兴的人走近了他，是一个迷人的姑娘，她的棕色的眼睛像小鹿一样温柔。

尼采这颗衰老孤独的哲学家的心被这样一个温馨的情景感动了。这时他想："要是有这么一位亲切可人的姑娘在我身边，那对我来说将会是一件很好的事情——可是却不一定对她有好处。我不知道我的思想会不会伤害这个姑娘。如果我爱她，又看到她因为我而遭受痛苦的折磨，我会心碎的。所以我决定了，我绝不结婚。"

这时，尼采的脑子里全是稀奇古怪的想法。尼采每时每刻都在想着自己被别人剥夺了爱情和友谊的权利。他想起这些人就满心怨恨，首当其冲的就是瓦格纳。

尼采也想起了他在特里伯森的那段美好的时光。科西玛·李斯特十分欢迎他，乐意倾听他的意见和计划，乐意阅读他的手稿，还总是和蔼快活地跟他交谈。

尼采的记忆被他的痛苦扭曲了，他认为自己曾经疯狂地爱过科西玛·李斯特，而她或许也爱过尼采。尼采强迫自己相信这一点，他甚至开始相信这个谎言了。可是现实对尼采来说是残酷的。瓦格纳占有了尼采渴望的一切，声誉、爱情和友谊。

4 月 1 日，尼采就离开了威尼斯。他在去恩加丁以前，曾在都灵待过几天。那里的气候干燥，街道宽广，在路上尼采把行李弄丢了，他很生气，并跟脚夫发生了争执。然后他在热那亚附近的撒皮特伦纳病了几天，接着又去热那亚休息了 3 天。这几天里，他完全沉浸在了以前的回忆之中。

他给彼得写信说道："我的运气把我带回了这个城市，我的意志已经够强大了，所以我不会再懦弱。我在这次感到了更多的激情，并对这里产生了感激之情。"

4 月 6 日，尼采到达了都灵，他都快累散架了。在同一封信中，他对彼得说道："我不会再独自旅行了，这让我感到焦虑不安，感到索然无味。"

失去了理智的智者

1888年，一种来源于身体的力量对尼采的思想造成了很大的影响。有人说：尼采早就已经疯了。也有人说：他至少还保持着自己的思考能力，还能够在一定程度上控制住自己。

这时，尼采写的东西还是那样的犀利、一针见血。他感到极度清醒，可是这种清醒对他来说是一个灾难，因为这会让他更快地毁灭。

此时，尼采不再进行道德研究，长久以来，他总是在一种焦虑之中生活着，他在信中说："它在我情绪很好的时候赋予我一种复仇的心态——这种复仇总是表现得那么强烈。"

这句话很好地解释了将要问世的三部作品：《瓦格纳事件》《偶像的黄昏》《反基督教》。

4月7日，在都灵的尼采意外收到了一封乔治·勃兰兑斯的信，他告诉尼采说想要开设关于尼采哲学思想的一系列讲座。勃兰兑斯说道："在这里没有人知道你，我为此感到十分苦恼。我想你会突然间成为知名人士的。"

尼采回复说："太令我感到意外了，这是谁给你的勇气呢，竟然要向大家介绍我这么一个默默无闻的人。或许你认为我在德国有很多读者吧！可是，事实是他们把我当作了古怪的疯子，根本不愿意好好去看待我的作品。我有着不平凡的骄傲，这是我与他们的对抗产生的。我是个哲学家吗？这没有什么关系。"

在这些疲倦而又紧张的日子里，尼采找到了《人的法律》的译本，他想要知道自己所考虑的那些等级的细节。他看完之后感觉还是有希望的，因为书中有一部法典，这让尼采感到高兴，它确立了4个等级的秩序。而且语言优美、简洁明了，在严肃中又透出了人情味，当然还有一种高尚的持久性。

尼采看完后十分赞赏。他整段地将那些文字摘抄了下来，因为在这本古印度的圣典中，他看出了“充满爱和善意的歌德式的关注”，他听到了自己追寻的非道德的旋律。

可是在赞赏的同时他也有批判。尼采说：“这些僧侣们并不相信这个——或者说他们根本没有看到这个。人们的法律其实是一些智慧的毫无漏洞的谎言。因为大自然本来就是一片混沌，没有任何观念和秩序。那些想要建立一整套秩序的人都会对大自然感到厌恶，因为他们想要的是一个虚幻的世界。那些伟大的创建者们，印度法典的制定者们，他们都是撒谎的艺术家。”

尼采当时正在都灵，他反复地研究了这本著作，因为这部古雅利安的作品说出了他内心中的种种梦想，这是一个有着完美的社会等级又有理性的欺骗的最好作品。尼采对它又爱又恨，因为它，尼采一度暂停了工作。

尼采感到犹豫了：“要不要听从这些婆罗门、这些狡诈的首领和这些僧侣们的话呢？或许在很久以后，人们对于自己生命的价值、本能的起源和遗产机制有了了解之后，他们可以创造出新的法则。可是目前还不行，人们现在只能被这些古老的谎言所束缚。”

尼采开始讨厌这种思想了，烦躁在尼采的心中滋生了，他的灵魂不愿意再去作什么抵抗。他没有继续去创作伟大的作品，而是改写了一本小册子。

现在的日子已经不平静了，尼采感到痛苦，想要对别人加以报复。而瓦格纳成了尼采攻击的对象。他想：“既然当初是我提出了瓦格纳主义，那么现在我就要恢复他的本来面目。”他想经过这样一次猛烈的批判，可以让那些比他更加软弱的同代人得到解放，同时还要继续对这种艺术的威望臣服。

尼采一点儿顾虑也没有，相反这种兴奋刺激了他工作的兴趣。尼采正沉浸在快乐之中，他却把这种奇异的现象归功于都灵的气候。

7 月份，天气有些阴冷，尼采的身体受到了很大的影响。他又失眠了，原来那种幸福的感觉变成了一种痛苦的情绪。

弗罗琳·冯·萨丽斯－玛雪琳丝与尼采已经分别了 10 个月，之后两人又相见了。她注意到尼采发生了变化：他独自走来，他的匆匆而行的马车，他快速的行礼，尼采几乎不会停下脚步，他急匆匆地回到旅馆，写下路上抓住的灵感。

尼采在拜访她的时候，毫不掩饰地说出自己的要求。他现在缺少必要的金钱，原来的钱几乎已经花光了，巴塞尔大学发给他的 3000 法郎的退休金根本不够他维持日常开支和支付大笔的出版费用。他尽量不去旅行，用最少的钱解决食宿问题，可是还不够。

8 月，尼采写完了《瓦格纳事件》，除了正文，他还加了一段开场白，一篇跋、再跋和后记。他使劲扩充着自己的作品，让它变得越来越尖锐。可是他写完后还是不满意。

尼采给梅森伯格也写了一封信：“我为整个人类写出了最深刻的作品，我已经付出了沉重的代价。我得先付出生命才能够成为不朽。可是在丹麦而不是在德国我却已经出名了。乔治·勃兰兑斯博士很大胆地在哥本哈根大学开设了关于我的讲座，成果很好。纽约据说也在筹办这样的讲座，我是欧洲‘最独立’的思想家了，而且是‘绝无仅有’的德语作家，多么了不起啊！要理解我的作品，一定要有一颗伟大的灵魂。这样我就可以很高兴地看到那些虚弱的和有道德的人一起站起来反对我。”

梅森伯格在这些话语中看到了针对自己的观点。她还是跟往常一样很友好地给尼采回了信：“你说那些虚弱的和有道德的人都反对你？请不要自相矛盾。道德不是虚弱的，而是有力量的，这个单词本身就能说明这一切。你自己不就是反例吗？因为你就是有道德的人，要是人们能理解这一点多好啊！我敢说，你的生活比你的作品还有说服力。”

尼采每天都在散步、寻找词语的节奏。他经常通宵达旦地工作，当旅馆老板早起去山野里寻找食材的时候，尼采还在工作。

一写完《瓦格纳事件》，尼采就开始着手写另一本小册子了。这次他并不是针对某个人，而是把矛头指向了所有的观念——那些人们用来指导自己生活的观念。他认为根本就没有形而上学的世界，理性主义者都是些空想家；也根本没有道德世界，道德家们也都是些空想家。

尼采为他的小册子命名：刚开始他想到了《一个心理学家的闲暇时光》，又想到了《偶像的黄昏》，或者说是《哲学之锤》。

9 月 7 日，他把手稿寄给了出版商。

尼采因为总是在想这部作品，而第二本小册子还没写完的时候，他就开始了这项艰巨的工作。他曾希望这是一部平静的、歌德式的作品，现在它已经面目全非了。

他想了几个新的标题：《我们其他的非道德主义者》《我们其他的北极人》，后来他又换回了原来的题目，并最终确定了下来——《强力意志——对一切价值重新估价的一种尝试》。

9 月 3 日至 30 日之间，尼采起草了第一部分《反基督徒》，这样一来，它就成了第三本小册子。这次他干脆地说出了是与不是、正确的路线以及对最野蛮力量的歌颂。一切道德都是谎言，不管是谁定下来的。尼采写道：“16 世纪初，当恺撒·波吉亚有望当上教皇的时候，欧洲几乎接近了伟大。”

这是尼采最后表达出来的思想。

9 月 21 日，尼采在都灵。22 日，《瓦格纳事件》发表了。终于有几家报社谈到了这本书。可是这些评论仍然把尼采激怒了，因为除了一位瑞士作家卡尔·施皮特勒以外，根本没有人理解他。那些评论的每一句话都让他觉得人们对他的作品一无所知。

10年以来，他一直在探索自己发现的思想，德国评论家却不知道。他们知道有个尼采是瓦格纳的信徒，他们看了《瓦格纳事件》，猜测尼采跟他的老师闹了别扭。另外，他新结交的朋友也对他进行了指责。一向拘泥礼节的布克哈特收到小册子之后就再也不跟尼采联系了，仁慈的梅森伯格写了一封语气严肃的信给他。

尼采回答说："在这些问题上，我不允许别人进行反驳。关于'颓废'的话题，我是这个世界上最有权威的人。现代人带着他们退化了的天性，应该为他们身边有这么一个人感到高兴。这个人在他们最忧郁的时候给他们提供了美酒。瓦格纳用谎言使大家都信仰他，他的确是个天才，一个说谎的天才。我作为他的对立面，一个讲真话的天才，感到十分荣幸。"

不管尼采究竟有什么样的不安，他的信中却流露出了少有的欢快情绪。信中他赞美一切能看到的东西：美丽的秋天、都灵的街道、娱乐场、咖啡馆……尼采食欲好，睡眠也很安稳。他去听比较轻松的法国歌剧和音乐会，会上每个片段都给他带来庄严的感觉。

尼采写信给彼得说道："不管是音乐的冠绝，还是其他各方面，都灵都是我所知道的最可靠的城市。一想到这些我就满含热泪。"

11月13日，尼采希望彼得能够待在他的身边。可是彼得没有满足尼采的愿望，因此尼采又感到十分遗憾。

11月18日，尼采寄出了一封语气看似很快乐的信。他提到刚刚听完的裘迪克和米列·梅尔的歌剧："这种轻松的巴黎人的陶醉可以拯救我们的精神和肉体。我恳请你用悲观的观点来看待这封信。"

尼采无法摆脱不祥的预感，也无法扔掉面前的痛苦。他希望能够创作出一部奇异而又绝望的作品，由他生活中的回忆来作为素材。他写下一些章节的标题："我为什么这么聪明——我为什么如此智慧——我为什么能写出这样的佳作——我为什么是灾祸的集中地——

光荣与永恒……”他最后把这本书命名为《瞧！这个人》。

尼采像是基督一样，他把自己献了出去。他知道自己的每个懦弱的念头。任何现实都不能使尼采感到害怕。他承担的是人类疯狂的激情，而不是通常所说的罪恶：“被钉在十字架上的耶稣是生活给我们的一个诅咒，而被撕碎了的狄奥尼索斯是新生活的一个承诺。”

耶稣也会崇拜上帝，而尼采只有他自己；狄奥尼索斯也有朋友，而尼采则总是独自一人。可是他仍然在生活，仍然能够唱出狄奥尼索斯的颂歌：“我不是圣徒，我是森林之神。我已经写了这么多优美的作品，我应该感谢生活。”

尼采说他会感谢生活，但其实他的内心极度痛苦。有时候人要取得胜利就只有去说谎。阿里亚自刺身亡前把剑交给了丈夫，还告诉他说“这并不痛苦”，她就在说谎，可是这个谎言是她的荣耀。尼采对阿里亚的评语说：“她的谎言是那么的神圣，一切临死之人所说的真话都没有那样的光辉。”

尼采已经感到身心疲惫，可是他却不会承认。作为一个诗人，他希望自己因为痛苦而发出的呐喊会变为一首歌。最后一种狂喜的力量使他再次说了谎：

我生命中的太阳啊！
你已经没入了黄昏。
你眼中流动的微光
已经有些伤痕；
你滴下的露珠，
像眼泪一般洒落，
成为一条河；你灿烂的爱情
悄无声息，流进混浊的大海，
你最后的，迟到的幸福……

尼采已经感觉到，他所期待的名誉即将来到。乔治·勃兰兑斯又打算开设关于他的讲座，还要发表讲稿。他甚至为尼采找到了一个新读者：瑞典的奥古斯特·斯特林堡。他们在圣彼得堡准备翻译尼采的《瓦格纳事件》。

希波莱特·丹纳在法国巴黎替尼采找到了《辩论》和《两个世界的评论》的撰稿人吉恩·波尔多。尼采说："通向法国的巴拿马运河也开通了。"

杜森给了尼采 2000 法郎，这 2000 法郎是一个不知名的人为尼采再版作品提供的资助。萨丽斯 – 玛雪琳丝夫人给了尼采 1000 法郎。

尼采对这些感到高兴，可是这些太晚了。

最后，尼采住在一个下层家庭的一套带家具的房间里，他们提供住宿。如果尼采需要的话，他们还提供饮食。尼采修改了《瞧！这个人》的书稿，在原文基础上增加了一篇附录，又写了一首赞美希腊酒神的诗歌。

同时，他还准备出版一本叫作《尼采反对瓦格纳》的小册子。他给出版商写道："在我那本伟大的作品出版前，我们要让公众做好准备。因此我们要制造一种紧张的气氛——或许这又是一部《查拉图斯特拉如是说》。"

12 月 8 日，尼采写信给彼得·加斯特说："我又读了一遍《瞧！这个人》，对其中的每句话都作了详尽的思考，我把人性的历史分为了两个部分——这正是威力最大的地方。"

12 月 29 日，尼采给出版商的信中说："关于《瞧！这个人》，我跟你的看法是一致的，印数不要超过 1000 册。对那些德国人来说，这种严肃的书籍只印 1000 册是非常明智的。可是在法国，我希望发行 40000 册或者是 80000 册，没有开玩笑，我是认真的。"

1889 年 1 月 2 日，尼采在另一封字迹潦草的信中写道："把那诗歌还给我吧，我们开始印《瞧！这个人》。”

尼采经常给旅店的主人们演奏瓦格纳的音乐。他还告诉他们说：“我认识瓦格纳。”尼采将这些幸福的回忆拿出来，跟这些毫无关系的人共同分享。

他在《瞧！这个人》里也写道：

> 我应该为当时跟瓦格纳亲密的交往而感到荣幸，那是我最持久的快乐。我绝对不会把那些在特里伯森的日子忘记，那些愉快的、让我的思想大放光芒的日子。我不知道瓦格纳对别人来说意味着什么，但是他曾经是我天空中的太阳。

1 月 3 日，尼采在都灵的卡罗阿尔伯托广场看到一个马车夫用鞭子抽打一匹老马。他抱着马哭了起来，然后昏倒了。在随后的一个月不到的时间里，尼采就被诊断出得了严重的精神疾病。

1 月 9 日，在巴塞尔市弗兰兹·欧维贝克家的宁静房子里，夫妻俩正对着窗口说话。他们看见布克哈特站在门口按门铃，他们猜想可能是尼采让这个不熟悉的朋友前来此地。

欧维贝克已经有几个星期没有收到尼采的信了。布克哈特给他带来一封很长的信，尼采写道：“我是费迪南德·德·雷赛布，我是普拉得，我是张毕格，我在秋天里被埋葬了两次。”

这封信上说的两人是当时巴黎新闻集中报道的暗杀者，这充分说明了一个不好的消息——尼采疯了。

不久之后，欧维贝克收到了一封类似的信，尼采所有的朋友都得到了这个消息。尼采给每个人都写了信。

欧维贝克在旅店里找到了尼采，当时旅店主人正看着他。而尼采用手肘弹着钢琴，高唱着他写的狄奥尼索斯颂歌。尼采被欧维贝克送到了巴塞尔的医院里，尼采的母亲也过去了。

尼采在剩下的10年里经常会回忆起自己的作品，他的病前几年比较严重，后来便有所缓和了。

他说："我没有写出过优秀的作品吗？"

有人给尼采看过瓦格纳的肖像。他说："我非常热爱他。"

本来恢复这样的记忆对尼采来说是很可怕的，但事实却并不是这样。有一次，陪着他的妹妹忍不住哭了。

尼采说："伊丽莎白，你为什么要哭？我们不幸福吗？"他的理智已经完全丧失了，可是他纯洁的心灵依然美好。

有一次，尼采跟一个编辑出门散步，尼采被路边一个小姑娘吸引了。他停下脚步，走近了小姑娘，用手把她的头发向后面拢了拢。接着，他微笑着注视小姑娘那张真诚的脸，说道："这不正是一幅纯真的图画吗？"

1900年8月20日，星期一，尼采开始患感冒，发高烧，说胡话，此时他已开始接近死亡的边缘地带了，似乎还有肺炎的并发症，忠诚的医生想尽一切可能的办法消除他的痛苦，但两三天后，医生已经知道无力挽回了。

24日正午，尼采与妹妹相对而坐，他的面容突然改变，激烈的发作再度袭来，终于失去意识倒下了。就在这时，可怕的雷雨漫天盖地而来，似乎这个高贵的灵魂，已随着雷电，先升登天堂。到黄昏时分，他吐出一口气，意识也有恢复的征兆，好像想说些什么。

25日凌晨2时，伊丽莎白请尼采吃一些食物，他似乎看得见妹妹，示意她把灯罩移到一边，高兴地叫她“伊丽莎白”，她满心欢喜，以为他的危险期已经过去，然后，他睡了一段很长的时间，妹妹一直在祈祷，但愿这是复原的熟睡 。

但是，尼采的面容突起变化，转为苍白，他再一次睁开那双宽阔、湿润的眼睛，安详地、无忧无虑地向四周投下了严肃的一瞥，然后轻轻合拢，永远地闭上了。

尼采终于走完了他 56 岁的生命历程，永远地离开了喧嚣的世俗生活，在魏玛逝世。

在他出殡时，有人在挽联上写着：“你的名字在后人心中是神圣的。”但是尼采似乎并不满意这样的评语，因为在他生前的自传中，他曾这样写着 ：“我很怕将来有一天有人称我为神圣的，你可猜得到为何我要在死前拿出这本书，就是为了要防止别人对我的恶作剧，我不希望成为神圣的人，甚至于宁可死后做个怪物——也许我就是一个怪物。”

死后的尼采埋在了故乡洛肯镇父母亲的墓旁，在那个安静的地方他找到了自己的永久归宿，再也用不着担心人们去打搅了。在真正的宁静中他获得了永生。

附　录

人类透过错误而探索生命的新领域，人类透过错误而变得成熟，人类透过错误而变得有智慧，人类是透过错误而不断进化的。

——尼采

经典故事

上演拍照喜剧

1882年，刚从俄罗新来到意大利的尼采女友莎乐美阅读了尼采的作品之后，她非常敬佩尼采。4月24日，38岁的尼采抵达罗马，在梵蒂冈圣彼得大教堂见到了莎乐美。尼采没有想到莎乐美是如此美丽动人，当天他就向莎乐美求婚，但遭到莎乐美拒绝。

尼采没有沮丧，又于5月13日在洛桑再次向莎乐美求婚，但他再次遭到莎乐美拒绝。被两次拒绝后的尼采提议莎乐美与也在场的朋友保尔·李一起照张合影。得到莎乐美同意后，尼采一定要莎乐美和保尔·李按照他的意思拍照。

在尼采的安排下，照片的正中是一辆小马车。莎乐美坐在小马车左侧的厢板上，手里拿着一根由尼采交到她手中的丁香树枝。尼采坚持要她把树枝高高举起。尼采神采飞扬地站在前面拉着车杠子，保尔·李则站在尼采的后面，一根麻绳把他们俩系在一起，象征他们俩是拉车的马。

然而，莎乐美是个追求享乐的女性，尼采本人及其作品不再吸引她了。8月26日，莎乐美与保尔·李离开罗马，他们甚至没有礼貌性地邀请一下尼采同行。尼采后来在给一位朋友的信中说，他与莎乐美的关系就这样彻底结束了。

遇上牧羊人的感悟

尼采是一位喜欢独立思考和独来独往的哲学家，他这种工作和生活方式使他疏远了很多朋友，他索性养成了一个人旅行的习惯。

1882 年 3 月的一天，尼采独自一人去西西里的一个山顶上看日出。当他看见在山顶的峭壁上自由行走的山羊时，他十分羡慕山羊的神态和敏捷，他想："比起山羊来，人类在攀登悬崖峭壁时，却显得多么笨拙和无能……"

尼采看完日出下山了，由于一边走路一边思考问题，尼采不小心摔了一跤，扭伤了脚。后来，山脚下的牧羊人把尼采背到了山脚下的房子里治疗。

尼采在牧羊人家里受到了简单而热情的接待。牧羊人把尼采从未见过的草药敷在尼采受伤的脚踝上，然后搀扶着他躺在牧羊人铺有羊皮的木床上。

然后，牧羊人告诉尼采："虽然现在很痛，但崴伤并不严重，休息到傍晚就可以步行回旅馆了。"

尼采向牧羊人表达了谢意，并问牧羊人说："就你一个人在这里生活吗?"

"不!"牧羊人指着山羊的方向说："还有那群山羊，它们是我的伙伴。"

尼采沉思了片刻，感慨地对牧羊人说道："与山羊做伴并不鄙俗，反而胜似我的伙伴啊!"

年　谱

1844 年 10 月 15 日，诞生于普鲁士萨克森州的洛肯村。

1869 年 2 月，受聘巴塞尔大学，担任古典文献学的额外教授。4 月，脱离普鲁士国籍，成为瑞士人。

1872 年 1 月，出版《悲剧的诞生》。

1873 年，《不合时宜的考察》第一篇、第二篇、第三篇出版。

1876 年 7 月，《不合时宜的考察》第四篇出版。

1877 年 5 月，《人性的，太人性的》第一篇出版。

1879 年，辞去教授职业。《人性的，太人性的》第二篇上半部出版。

1880 年，发表《漂泊者及其影子》。

1881 年 1 月，完成《朝霞》，7 月出版。

1882 年 3 月，至西西里旅行。5 月，出版《快乐的科学》。

1883 年 6 月，出版《查拉图斯特拉如是说》。7 月，执笔《查拉图斯特拉如是说》第二部。

1884 年 1 月，在威尼斯，执笔撰写《查拉图斯特拉如是说》第三部。11 月起执笔《查拉图斯特拉如是说》第四部。

1886 年 7 月，《善恶的彼岸》出版。11 月，出版《道德的谱系》。

1888 年 5 月至 8 月，执笔《瓦格纳事件》，9 月出版，《狄奥尼索斯之颂》脱稿。8 月至 9 月，撰写《偶像的黄昏》。9 月，撰写完《反基督教》，10 月至 11 月，撰写《瞧！这个人》，12 月，撰写《尼采反对瓦格纳》《心理学家的公文书》。

1889 年 1 月初旬，患了严重的中风。出现精神分裂现象。

1900 年 8 月 25 日，在魏玛去世，8 月 28 日葬于故乡洛肯村。

名言

● 许多东西被我抛却，故而被诸君视为傲慢；若从外溢的酒杯里豪饮，难免洒落许多佳酿，故不要怀疑酒的质量。

● “他沉沦，他跌倒。”你们一再嘲笑，须知，他跌倒在高于你们的上方。他乐极生悲，可他的强光紧接你们的黑暗。

● 此人往高处走——他应受称赞！那人总是从高处降临，他活着，自动舍弃赞美，他是从高处来的人！

● 当心！他一沉思，就立即准备好了一个谎言。

● 大胜的最大好处，莫过于解除了胜利者对失败的恐惧感。“我为何不能失败一次呢？”他自言自语，“我现在已有足够的本钱了。”

● 他是思想家，这意味着：他善于简单地——比事物本身还要简单地——对待事物。

● 要破坏一件事，最刁钻的办法是：故意用歪理为这事辩护。

● 人们视需要为事物发生之因，其实，它往往是事物发生之果。

图书在版编目(CIP)数据

尼采/苗婕编著.—北京:中国社会出版社,2013.3
(2022.6 重印)
(世界名人非常之路)
ISBN 978-7-5087-4358-5

Ⅰ.①尼… Ⅱ.①苗… Ⅲ.①尼采,F.W.(1844~1900)-生平事迹 Ⅳ.①B516.47

中国版本图书馆 CIP 数据核字(2013)第 036300 号

出 版 人:浦善新
策划编辑:侯 钰
责任编辑:侯 钰
封面设计:张 莉

出版发行:中国社会出版社
地 址:北京市西城区二龙路甲 33 号
邮政编码:100032
编 辑 部:(010)58124867
网 址:shcbs.mca.gov.cn
发 行 部:(010)58124866
经 销:各地新华书店

印刷装订:北京华创印务有限公司
开 本:170mm×240mm 1/16
印 张:13
字 数:200 千字
版 次:2013 年 3 月第 1 版
印 次:2022 年 6 月第 4 次印刷
定 价:49.80 元

中国社会出版社微信公众号

中国社会出版社天猫旗舰店